超级愿力

Super Wish Power

走出迷茫、释放自我的五大法则

七芊 —— 著

電子工業出版社
Publishing House of Electronics Industry
北京 · BEIJING

图书在版编目（CIP）数据

超级愿力 ： 走出迷茫、释放自我的五大法则 / 七芊
著. -- 北京 ： 电子工业出版社， 2025. 2. -- ISBN 978-7-121-49335-5

Ⅰ. C913.2-49

中国国家版本馆 CIP 数据核字第 2024G1G406 号

责任编辑：张　昭　　文字编辑：郭景瑶
印　　刷：三河市良远印务有限公司
装　　订：三河市良远印务有限公司
出版发行：电子工业出版社
　　　　　北京市海淀区万寿路 173 信箱　　邮编：100036
开　　本：880×1230　1/32　印张：7.875　字数：214.2 千字
版　　次：2025 年 2 月第 1 版
印　　次：2025 年 2 月第 1 次印刷
定　　价：69.00 元

凡所购买电子工业出版社图书有缺损问题，请向购买书店调换。若书店售缺，请与本社发行部联系，联系及邮购电话：（010）88254888，88258888。

质量投诉请发邮件至 zlts@phei.com.cn，盗版侵权举报请发邮件至 dbqq@phei.com.cn。

本书咨询联系方式：（010）88254210，influence@phei.com.cn，微信：yingxianglibook。

仅以此书开启我 31～35 岁的五年目标，

希望我们相逢在更高处！

序　言

我的前3本书《你怎样过一天，就怎样过一生》《选准赛道再奔跑》《精准求职》分别写于我的3年、5年、7年目标实现的时候，见证了我在大学毕业后花了7年时间来改变我自己的全过程：从入职业内知名公司到最顶尖企业，从一个职场小白变成知名作家，从员工变成管理者再变成企业老板，从获得国内荣誉到获得国际荣誉……

我用了7年时间把自己变成了一个当初设想的人。

我记得在接受混沌商学院导师欧爷采访时，她问了我这样一个问题：你是不是一个觉得做所有事情都很容易，并且很轻易就成功的人？

她觉得我年纪轻轻就拿到了福布斯U30的奖项，写过几本书，经常被各种知名媒体采访，上综艺节目，还拥有自己的企业，过得光鲜靓丽，一定是那种思维特别灵活、很聪明、觉得所有事随便做一做就会成功的人。

但我的答案让她大跌眼镜，我并不是一个她所认为的很轻易就会成功的人，我反而是那种觉得所有事都很难的人。我取得的所有成绩都归因于我在背后付出的巨大时间成本、精力成本，否则我很难取得成功。

我的人生从来没有随随便便的成功，相反，充满了“设计”。

我并不是随便写一写就成了作家，我为了成为顶尖的作家，刻意努力了许多年。

我出生在大学教师家庭，我的外公是大学校长，母亲是大学教师，托他们的福，我从小就养成了良好的阅读和写作习惯，从小的目标就是成为顶尖的作家。我每天腾出1小时的时间来写作，这件事到目前我已经坚持22年了。

毕业的时候，为了这个目标，我放弃了小语种专业，进入当时互联网读书行业非常顶尖的公司微博读书，成为一名负责国内一线作家作品推广的市场运营人员。我在读书行业用了3

年时间学习娱乐化营销，了解读书行业的商业模式，积累图书出版及营销所有环节上的资源和人脉。尽管被出版方拒绝无数次，但我仍然坚持日更文章两年，累计600多篇。因为赶上了知识付费的“窗口期”，通过讲课获得了大量的流量，我才被出版方关注，而这时我已经花了3年的时间。3年目标实现那一年，我亲自操盘自己的第1本书《你怎样过一天，就怎样过一生》，在全国68所大学进行签售，这本书成为职业赛道销量排行榜的第1名。

出版第2本书《选准赛道再奔跑》的时候，我想选择国内顶尖的出版社操盘，所以提前两年的时间开始规划，不断用第1本书的数据进行推销，最终找到了国内顶尖的中信出版集团出版了这本书，并在国内30余家企业和书店进行了签售。

第3本书《精准求职》赶上了新冠疫情，并没有如期出版。有了前两本书的经验，我开始意识到只有找到一家风格调性更符合的出版方，一个更懂这本书的编辑，才能做出有超级影响力的爆款。因此，我花了1年的时间重新筛选，最终找到了国内最擅长做工具书的老牌出版社机械工业出版社，由其生活分社社长王淑花女士亲自操盘出版了我的第3本书，这本书一经上市便是各大图书榜单的销量第1名。

即便如此努力，我的书的销量也并没有成为业内标准中的“中国最顶尖”，我的荣誉也没有达到我的预期，但这并没有让我想放弃，相反，我变得更有耐心，愿意花更多时间来做这件值得挑战的事。

一件事成功，背后是无数的细节、困难、投入的时间和精力。小到你的文章要怎么写、受众是谁，大到读书经济的商业模式、合作出版方、营销策略、签售会环节的设计、品牌的赞助，这些都不是随随便便做一做就可以成功的，都需要精心的准备、耐心的积累、缜密的设计和时间的考验，才能一朝爆发。

所以，我从不认为有什么事情是轻易就可以成功的，而且很多时候即便你非常努力，你也可能会失败。

没有成功过的人才会觉得做一件事很容易，其实所有的成功都是很难获得的，只是看你愿不愿意为了这份成功坚持下来。

至于欧爷觉得我经常是各大媒体采访的对象这一点，其实背后也有5年时间的积累。我一直都在从事泛娱乐行业公关工作，每天至少花1个小时的时间去和各种官方媒体打交道。持续积累了5年，我才有了如今成为各种重点节目嘉宾的光景。

参加综艺节目更是如此，当时也是早早发现自己的内容创作赛道需要综艺节目和短视频的形式来放大商业价值影响力，所以我定向积累了很多年。加入长视频领域最顶尖的公司爱奇艺，每天都投入时间和综艺节目的制作方、营销方、导演、编剧交流，我才有了后续可以进入国内顶尖职场综艺节目做嘉宾的机会。

甚至福布斯U30的荣誉，我也是连续申请了两年才成功。

所以，我从来没有轻易成功的时候，更多时候是很努力却不够成功。我并不聪明，也不看重聪明，我看中的是积累，由积累带来的强大基础，我相信这些基础早晚会由量变引发质变，一定会带来巨大的爆发。

基于我的这种思维模式和人生经历，一些意志力、信念没那么强的人会质疑我，因为他们做不到，他们会认为我这样的人没准是“事后诸葛亮”。

幸好我是个记录能力极为强大的人，所做的事情都有记录，所有的成绩都有据可查。这让很多长期跟随我的人逐步从怀疑转到好奇：如何才能拥有这样强大的目标感和这样笃定的人生方向?

这正是我写这本书的原因，我想分享一些真实的人生发展中关于拥有目标感的觉知与方法，希望可以启发一些浑浑噩噩、处在人生十字路口的人，找到新的力量。

这些年，有大量的读者因为我的书而发生了巨大的改变，工作、生活，乃至家庭都因为有了坚定不移的目标而进入更好的人生状态，我把这些故事也整理出来，一并供大家参考学习。

在我看来，目标并不是一个形而上学的定义，为了实现而实现并没有意义，真正的快感在于人在一个又一个目标中实现了自我升级。把一个不那么好的自己逐步升级为一个更好的自己是一件很有成就感的事情。

在此附上我过往的10年。

2014—2017年的3年目标：进入行业最顶尖的公司，第1本书在全国签售。2017年全部目标实现：3年中先后进入新浪微博、搜狐视频和爱奇艺，担任高级公关经理；第1本书

《你怎样过一天，就怎样过一生》在全国签售。

2018—2019年的5年目标：做自己的公司，赚第一桶金，第2本书在全国签售。2019年全部目标实现：2018年创立现在的企业；2019年赚到第一桶金；第2本书《选准赛道再奔跑》在全国签售。

2020—2021年的7年目标：拥有1000万个粉丝，5000万元营收，第3本书在全国签售。因为新冠疫情，这些目标只实现了一半。在这个过程中，我意识到当时的团队不足以支撑我的目标，因此，我拿出了1年的时间来打磨优秀的管理团队，最终获得了成功。第3本书《精准求职》是在2021年写完的。人生7年目标截止的这一年，我获得了意外之喜：福布斯U30的奖项给这7年画上了一个完美的句号。

2022年，我30岁，带着新的团队，摸索公司新的业务模式，也算是休息了1年。

2023—2027年是我新的5年目标的实现周期，我希望成为中国最顶尖的作家，做成业内知名的职业教育企业，结婚生子，完成自己新身份的转变。

希望这本书可以启发到你。我写这本书的时候是2023年，希望2027年，我们相逢在更高处。

附言：友情提醒，如果条件允许的话，我建议大家购买这本书的纸质书，而不是看电子版。因为这本书涉及大量的自我梳理实战作业，需要你在书本上完成，用你的笔写下你的思考。电子版往往达不到这个效果，你还会因为电子屏幕的阅读而走神，无法百分之百地吸收干货。

目　录

一
实现目标第一步：
激发你的欲望，成为一个欲望浓烈的人

1　无欲无求并不是什么好性格，浓烈的欲望才有目标可言 / 002
2　自卑的人怎样都自卑，自信的人怎样都自信 / 013
3　想要拥有极致的满意，先要拥有清晰的标准 / 022
4　先有行动，后有目标 / 031
5　沉淀你的 1.0 版本目标 / 040

二
实现目标第二步：验证你的目标，放弃虚假的目标

1　大胆验证目标，不在幻想里浪费时间 / 044

2　你有你的想法，世界另有安排 / 053
3　你以为花十年要完成的，极有可能一年就完成了 / 062
4　勇于复盘，相信量变一定会引发质变 / 072
5　沉淀你的 2.0 版本目标 / 081

三
实现目标第三步：确定终极目标，一旦选择，不再选择

1　自己状态不对的时候，做什么都不对 / 084
2　获得一手信息，打造高质量信息圈 / 092
3　找到使命，才有超级愿力 / 104
4　一旦选择，不再选择 / 113
5　沉淀你的 3.0 版本目标 / 126

四
实现目标第四步：培养强者思维，思维引导行动

1　保护好自身的能量，成为一个高能量者 / 130
2　不要记仇，不要让任何情绪干扰你实现目标的进程 / 139
3　拆掉思维里的墙，卸下沉重的心理包袱 / 148
4　正确解压不是消灭压力，而是学会与压力共处 / 161

5　戒除侥幸，把危机拿到明面上解决 / 171
6　打造自己的强者思维 / 179

五

实现目标第五步：坚决执行，必须实现

1　持续行动，不需要正反馈也能坚持下来 / 182
2　做有互动的行为才是有效努力 / 193
3　提升抗打击力，面对嘲讽也能勇往直前 / 200
4　优先去做让你恐惧的事 / 210
5　利用绝对正念化解急躁和焦虑 / 220
6　成为崭新的人 / 230

后记 / 233

一

实现目标第一步：激发你的欲望，成为一个欲望浓烈的人

1

无欲无求并不是什么好性格，浓烈的欲望才有目标可言

进入社会后你才能深刻理解，能让人向上走的是浓烈的欲望所带来的爆发力。

——七芊

我曾看到一段非常有感触的视频，视频里一位父亲在参加家长会的时候说："虽然我的儿子是个学渣，但我仍然以他为骄傲，因为他心理特别强大，学习成绩这么差，仍然能吃能喝能睡，连我都很佩服他。我是一个高级心理咨询师，他的心态比我还强大。将来走向社会之后，心理强大和情商高是成功的重要因素。"

这段话让我感触很深：在写职场文章9年、创办职业教育

企业6年的时间里，我发现很多学霸在职业发展上平平无奇，而很多所谓的学渣在社会里却如鱼得水，尤其是那些学习能力不差、思维非常灵活、行动力超群的人（常见为普通学历，但是有极其耀眼履历的人）。

他们敢想敢干，有极高的职业审美，不会从事低端职业，会抓住行业发展的大趋势，精准辨别出处于红利期的企业，快速选择适合自己的新职业，用不了几年就快速升职，实现预期目标。

很多人看不起这样“普通出身却高调耀眼”的人，实际上，这些人成功的底层推动力是“浓烈的欲望”。

他们在成长中的很长一个阶段得不到来自家庭、学校、社会的认可，他们某些方面的需求一直被压抑着，所以，他们内心深处憋着一股劲，他们疯狂地想要成功，拥有极其浓烈的成功欲望。

正是这样的欲望，让他们每个阶段都有自己的目标，让他们使命必达。

这种精神力量，是很多拥有父慈母爱、被鼓励着长大的人，是那些没有兴趣、只会学习的人，更是那些性格软弱、习惯性自我否定的人所理解不了的。

进入社会后你才能发现，能让人向上走的就是这种浓烈欲望所带来的爆发力。

我曾经有一位学员Aaron，硕士就读于清华大学土木工程系，毕业之后加入了房地产行业的头部公司，从事项目管理相关工作。房地产行业下行时，他想要转行进入新能源行业，却屡遭不顺。

Aaron是一位非常典型的情绪稳定的“学霸”，没有兴趣，没有爱好，没有情绪的波动起伏。读书的时候认真读书，工作的时候认真完成工作，没有太大的野心，对于那些有野心敢想敢干的人也都秉持着“瞎折腾”这样消极的看法。

在和我的私下交流中，他表达出对于求职转行陪跑营中快速转行成功的学员的“不屑”，认为他们是因为马上就干不下去了，行动力才会这么强。而他自己还生活得好好的，没那么紧迫，所以没必要着急。他的言外之意就是只要他着急，他也能快速成功。

我纠正他说：“你求职转行效率低、向上发展速度慢的核心问题就是你没有欲望，没有一定要达成的目标。”

我问他现在的薪资是多少，他说年收入税前25万元。我问他是否想年收入过百万元，他回答：“所有人都希望啊。”我说：“不，你并不希望。你根本不知道100万元有多少，100万元对于你而言意味着什么，你根本就没有非要赚到不可的那种决心，所以你并不想。”

他沉默了许久，说：“确实如此。学霸最大的问题就是做一件事很快会找到做这件事的正确方法，很快可以看到正面的反馈，有正面反馈就能一直做下去。也是因为这样，许多时候，我们变成了被动接受者，别人给工作就干，能干好就一直干，没有想过为什么干，未来要干什么，从来没有一定要得到什么的那种欲望。”

面对社会竞争的压力，真正能推动人向上走的核心要素就是浓烈的欲望。

怎样才能激发自己的欲望，科学塑造目标感呢？

1. 找到自己的正面推动力：每天花30分钟去接触优秀的人和体验更高级的生活服务，锁定“我也想拥有”的选项。

塑造目标感的核心是把自己沉浸在有更多优质选择的环境中。当你没见过更好的世界、没有更好的选择的时候，你永远觉得这就可以了，甚至还会以自己没有欲望为荣。

只有沉浸在有更多优质选择的环境中，你才会激发自己内心深处的嫉妒、羡慕和不甘等情绪，进而激发自己的欲望，而欲望是你的原动力。

想赚100万元年薪，要先了解赚到这笔钱的好处，为什么一定要赚到这笔钱。

Aaron说他自己对于买房是有兴趣的，因为他觉得房子是人一生中最大的投资。**于是，我让他每周都去和房产中介一起看豪宅，看他根本就买不起的房子，主动寻找身边高收入的人，和他们沟通聊天，看看他们的生活是怎样的，从而激发自己的欲望。**

Aaron照做了，1个月后他兴高采烈地说，他看上了北京一个非常有潜力地区的大平层，精装修，非常豪华。他坐在里面的时候有一种前所未有的渴望，他渴望住进这么豪华的地方，他渴望让家人一起在这种地方生活，他渴望这个房子所带来的强有力的幸福感和成就感。这几乎是他目前最渴望的事情。

所有关于实现目标方法论的书里几乎都会提到一个方法，那就是“情景法”，即让你处在那个情景中，把你想要拥有的目标充分具像化，每天思考一遍，加深那种渴望，你会发现你每天会不由自主地想要为这件事做点什么。

于是，你不需要自律，不需要意志力，只需要每天加深这种渴望，身体就会自发地去做实现目标的事情。

Aaron开始想方设法向更多可以赚到百万年薪的人学习，每天留出30~60分钟的时间寻找这样的人并与他们交流沟通，甚至付费咨询学习。

而这也彻底改变了他的认知。

Aaron讲道：“我过去对于很多比自己优秀的人心里总是很不屑的，我其实是嫉妒他们，觉得自己可以比他们做得更好。这可能是学霸的傲娇吧。这种想法也让我彻底想要远离这些人，变相远离了他们成功的思维和方法。正如七芊老师所说，仇富者便不会富有，仇恨强者便不会变成强者。我在和这些人沟通交流的过程中发现，他们并不如我一般骄傲，反而会倾囊相授他们的方法，一些房产投资前辈的理论真的让我受益匪浅。”

当他打开自己的思维，拆掉自己思维中傲娇的墙后，他开始发自内心地渴望赚到百万年薪，发自内心地希望团结一切已经做到的人，向他们虚心学习，努力达成自己的目标。

正面积极的沟通，强者方法的加持，是我们每个人激发内心深处欲望最有效的正面推动力。如果能每天花时间做这件事，哪怕只有30分钟，一年下来也会有突飞猛进的提升，从一个傲娇自闭的人变成一个目标明确、欲望浓烈的人。

2. 找到自己的负面推动力：想象让自己恐惧的不这样做的后果，切身感悟这样的痛，锁定“我必须这样做”的理由。

我在直播时邀请了一位企业家好友，他创业7年，现在公司每年营收5000万元，在业内美誉度非常高。

学员问他为什么可以赚这么多钱，他讲了一个真实的故事：他的父母早年创业失败，欠下了百万元债务，父母两个人年纪都大了，为了还债，他不得不创业。打工赚钱太慢了，他必须成功，否则他的父母就要身陷囹圄，他们的账户也会被冻结，他们将无法生存下去。

他红着眼圈说："在生存面前，一切问题都不是问题。要活下去，就必须赢，必须赚到钱，没有退路，就是这么简单。"

我把这个故事讲给Aaron，我对他说："你不是没有能力实现你的目标，你是从来没有这种强大的推动力。那些你引以为傲的稳定、不着急，恰恰是扼杀你奋力一搏摆脱困境的元凶。"

我告诉Aaron，如果真的想要百万年薪，就应计算一下他真实的生活成本，找到那个"不这样做就会死"的理由。

Aaron的孩子3岁了，他的妻子在北京当地的院校当老师，年薪12万元，家里买了一套房，每个月要还上万元的房贷，还要还3000多元的车贷。因为平时父母会贴补家里的生活，加上有点大男子主义，从来不管家里的钱，所以他从来没有算过自己的生活成本。

我让他去算他们的生活成本，去算孩子的教育成本，去算妻子如果再度生育，无法工作会损失的收入，去算他们的发展成本。

当你没有赚钱的欲望的时候，就去计算你的生活成本和发展成本，得出的总数就是你必须赚到的钱，否则生活就有问题。

当他算完这些账的时候，他深深地沉默了，他意识到如果他不赚到这么多钱，他的孩子就没办法读好的学校，伴随着父母的衰老和自身的衰老，债务的压力会越来越大，到那时，一旦债务崩盘，后果不堪想象。

当你没有正面推动力的时候，不妨去试试找到“不得不这样做”的负面推动力，找到那些深刻的恐惧、那些可怕的结果，去面对它们，去感受那种痛苦。激发自己不想坠入深渊而必须奋力一搏的渴望。

那种对于生存的渴望会激发一个人强大的推动力。

Aaron寻找到推动力的时候，他的行动力迅猛了很多，他开始坚持每天积极求职，分享经验，学习如何赚到更多的钱。

之前困扰他许多年的转行不成功的问题，在半年内迎刃而解。

Aaron在我《精准求职》的签售会现场对我说："您说得非常对，人真的需要目标，每个年龄都要有每个年龄的目标，目标像是吊着你的一口气，让你不断升级，成为一个更好的人，这个过程才是人生的意义所在。许多时候，即便目标很高远，没有办法一下达成，但是在追求目标、提升自我的路上，我们已经变成了比之前更好的人。"

百万年薪是一个被网络嘲讽的热梗，提到它的时候，听到的都是那些嘲讽的话："又有多少人能做到呢？"**它和我们人生中所有志存高远的目标一样，人们觉得很好，但是从来不是真心想要的。**

我们总是认为实现它很难，臆想自己做不到，就去嘲讽和否定这件事本身。从来没有真正意义上投入时间，没有在心里种下那颗欲望的种子，它自然也不会发芽。

这个世界上，能持续向上走的人，内心都有浓烈的欲望。即便是在他人眼里再难实现的目标，只要你真心渴望实现，也能爆发出强大的行动力，推动自己更接近那个目标，成为一个更好的人。

本篇练习

1. 你的正面推动力是什么？

2. 你的负面推动力是什么？

3. 哪一个更能激发你的欲望？

2

自卑的人怎样都自卑，自信的人怎样都自信

从自卑到自信最短的路径是切换思维方式。

——七芊

一个人要想实现自己的目标，对于自己能力的盲目自信是非常重要的。只有你相信可以靠自己解决问题，你才能把专注力都放在自己的行动上，而不是放在情绪上。

我遇到过非常多因为自卑而葬送了自己职业前途的学员。自卑真的是一种非常差的心理状态，它像一个无形的牢笼，把人锁在咫尺之地，让人迈不出一步。

很多自卑的人会有一个错误的认知，以为他们拥有更多之后就不会自卑了，但实际上并不是这样的。

比如学历不高的人，认为自己有更高的学历就不会像今天这样自卑了。实际上就算他们后来拥有了更高的学历，他们还会自卑，自卑于和原始学历非常好的人对比起来，他们的学历像是嫁接的。

再比如物质生活比较贫瘠的人，认为自己有更多的钱就不会像今天这样自卑了。实际上就算他们有了更多的钱，他们也只会瞄着能赚更多钱的人，觉得自己和别人对比起来仍然非常穷，他们的欲望永远不会被满足。

……

诸如此类的案例数不胜数，自卑的人总认为自己拥有更多就不会有现在的问题，而实际上他们并没有意识到，**自卑的本质是一种思维方式的问题，只需要调整思维方式就可以快速变得自信，不在情绪上继续内耗。**

我的一位学员小溪，普通学历毕业，因为自卑，不敢求职好公司，一直觉得自己不配。所以，他一直在一家老破小企业从事行政类的工作，工作几年后被公司裁员，觉得自己一无是处。

小溪的人生中从来没有一定要实现的目标，她甚至不敢有自己的目标，因为她默认自己的目标无法实现，害怕立了目标而持续积累对自己的失望感，所以她一直浑浑噩噩到中年。

每每提到自己的自卑，她都像打翻了“怨妇桶”，开始抱怨自己的原生家庭多么贫穷，多年接受打压式教育，自己有多么委屈，动情之处还会流下眼泪。

我对她讲，从自卑到自信就是一瞬间的事情，根本不需要浪费半生还绕不出来。面对任何问题，调整思维方式都是最快的解决方案。

我们要了解为什么要改变自卑。**因为成功是一件很客观的事情，比拼的是行动力上的量变引发的质变，所以在任何领域想要实现自己的目标，都要重点关注自己的持续行动力。**

自卑会扰乱我们的心智，让我们觉得自己不配，恐惧负面的反馈，进而不敢行动。没行动就没有量变，自然也不会有质变，也就没有成功的那天。所以，我们只有改变自卑才能实现自己的目标。

如何才能改变积压在内心深处几十年的自卑呢？

1. 停止与他人做比较，这一条就可以去掉90%的自卑，让你走出自我压抑。

小溪在自卑的思维模式下经常下意识地和他人比较，得出自己不行的结论，进行自我打击，凡事还没做就开始打退堂鼓。

比如，她曾经想竞聘部门的管理者，争取更高的薪酬，但是一看其他的管理者都是985大学毕业的，她瞬间就自卑了，认为自己学历普通，工作能力也不突出，和别人比起来自己什么都不是，去了也只会丢人。她给自己幻想出许多困难，最终默默地撤回了竞聘报名表。

停止自卑先要扭转自卑的思维方式，即不要去同他人做比较。别人某些方面很强，不代表他能把这件事做好；你某些方面很弱，也不代表这件事你做不成功。我们要关注的是做成一件事的客观结果，而不是谁有资格。

我在之前的书里提到过一个例子：一群科学家带领船队穿越海峡，他们应用了复杂的计算，却屡次出现失误，迟迟无法穿越海峡。一个经常出海的渔民的儿子，给他们设计了一个方案，很快船队就顺利通过。科学家觉得很不可思议，好奇这个渔民的儿子是怎么做到的，其实渔民的儿子只用了最简单的加减法就帮助船队解决了问题。而科学家却想得非常复杂，其中一位科学家自嘲道：原来，很多事情的成功，并不需要复杂渊博的知识，而只需要简单的逻辑。

一件事成功的底层逻辑是非常简单的，任何花拳绣腿、光环荣耀都没有用。也就是说“你优秀你的，我就算不如你优秀，也不耽误我把这件事做成”，如果你有这种想法的话，很多事都会成功。

小溪只要停止和其他人做对比，就很难产生认为自己很差的自我攻击，那么她至少能递交竞聘报名表，还会走接下来的流程，给自己争取一次机会。她就算这次不成功，也能深入了解升职的规则，为自己日后的晋升积累经验。

但是一对比，一自卑，她直接放弃了，行动停了，就没有成功升职加薪的那一天了。

2. 停止关注自己的劣势，转而关注自己的优势。

自卑的人总认为自己一无是处，即便有一些不错的优势，也会因为这种想法，最终泯然众人。

小溪就是如此，每当别人夸她的时候，她就像受了刺激，反而更羞愧。她英文功底十分不错，至少可以熟练地应用于工作，公司里的人都称赞她帮了大忙。但是自从部门调来了从英国留学回来的研究生，她就不敢说英语了，总觉得自己有问题，总觉得自己是错的。慢慢地，她的英语水平也下降得非常严重。

她一直都在关注自己的劣势，当我让小溪关注自己的优势的时候，她总是说自己没有任何优势。

一个人的优势并不是跟别人比才叫优势，而是和自己的其他能力相比更突出的那一项。

一个人可能英语40分，语文50分，数学30分，连基本的合格线都达不到，但是语文对于这个人来讲已经是核心优势了。只要这个人在核心优势上持续投入时间和精力，那么他就可以把50分变成60分，把60分变成80分，直到拿到满分。

一个自卑的人，如果能把专注力从自我否定转移到肯定自己的优势上，集中全部的注意力在提升自己的优势上，哪怕只是50分到60分的微弱进步，也足以改变人生。

如果小溪能停止做对比，不再把注意力放在自己没有留过学的劣势上，能够肯定自己的英语优势，那么她就能坚持张嘴说英语，大胆熟练地应用在工作中，还能和这位英国留学回来的人交流、讨教，快速提升自己的英语水平，靠一技之长争取到更高的薪资。

但是自卑让她停滞了，量变一停，就永远没有质变的那一天。于是，她英语越来越差，出错越来越频繁，自我打击越来越多，这些都为日后被裁埋下了伏笔。

3. 肯定自己每一步的努力，感恩自己的改变。

自卑的人想要的是翻天覆地的改变，对于自己微小的进步从来不知道感恩。所以，自卑的人明明取得了进步，却觉得不算什么，然后就连这点微小的进步也留不住，又退回到原地。

小溪在求职转行陪跑营里，通过科学选择适合自己的求职工具，科学规范自己的求职行为，已经能够获得很多企业的面试机会。

从海投无果到一周能获得3家公司的面试机会，这是一个很棒的进步。但是，习惯性自卑的她并不这么想，她觉得只要没有入职就没有意义，自己的这些努力都是无效努力。然后她的行动又停了，很快从一周3家公司面试变成了1家也没有，又持续了好几个月的空窗期。

《金钱的属性》这本书的作者认为富翁的秘密是感恩，感恩是巩固一切所得的最好方式。

有一次，这位作者在美国街头看到一个乞丐，周围很多人都给了他钱，其中不乏几张大钞。乞丐离开的时候把盆里面值较大的钱揣进兜里，把其他面值极小的硬币丢在原地。作者本人是个集团总裁，他走上前去把那些小面值的硬币揣进兜里。他一边摸着硬币，一边非常感恩，他在想，这是金钱的种子。

从创业开始，他经历过严重的债务危机，他一直都感恩得到的每一分钱，不抛弃每一分钱，才逐步成为今天的富翁。

感恩，是一件非常宝贵的事情。只有你学会肯定自己，感恩自己的每一次进步、每一次改变，哪怕只是很微小的，你都会发现，你会变得越来越好。

如果小溪能感恩自己每一次的微小进步，在得到3家公司面试机会的时候肯定自己的努力，那么她还会更积极地调整自己的求职行为模式，很快就可以从3家面试机会变成5家，甚至更多家。面试多了，哪怕没有入职，她也会在这个过程中有所提升，空窗期不至于那么久。

如小溪这般，得到了又不知满足，得到的也变成了负能量，那么这些微小的进步就会流失掉。

上述三条，只要勤加练习，只需一周的时间就可以助你快速走出自卑，至少让自卑不再干预你的行动。从自卑到自信最短的路径不是拥有更多，而是调整思维模式。自卑不应该是我们停滞不前、自我裹挟的理由，毕竟，每个人生而有光，都值得拥有更好的生活。

本篇练习

1. 你的自卑是什么？
2. 有意识训练自己停止比较，写下你“停止比较”后的想法。
3. 你的优势是什么？
4. 你感恩的是什么？

3

想要拥有极致的满意，先要拥有清晰的标准

你要有明确的标准，拒绝在非标准的选项上浪费时间，才能最快速实现目标。

——七芊

我们树立目标感的过程本质上就是确定自己的标准的过程，一个没有自身标准的人，很容易陷入低效率、迷茫、浪费时间的漩涡，也无法体验到实现目标时的那种极致的自我成就感。

我在第2本书《选准赛道再奔跑》上市的时候，受腾讯邀请，在北京腾讯大厦办了一场内部签售会，一名腾讯的技术人员Sam站起来问我：“七芊老师，你总说人要有最满意的工作，怎么才算最满意的工作？这个世界会不会就没有最满意的

工作呢？”

我对他讲，凡是说没有最满意的人，本质上没有构建起自身的标准。当你对自己的标准非常清晰的时候，你自然知道什么最贴合你的标准，这时候就会产生所谓的“最满意”。

后来这位Sam成为我求职转行陪跑营的学员，然后我发现，他身上欠缺的就是“正确地塑造自己的标准”的能力。

因为没有构建标准的意识，他一直是“被动接受者”。拿爱情来讲，一个有清晰择偶标准的人，会非常精准地找到特别满意的伴侣，不在不正确的人身上浪费时间。

但是Sam没有标准，他的脑子还在想，虽然自己当初没有那么喜欢对方，但是对方特别喜欢自己，那么相处相处，万一两人合适呢？他的这种“含含糊糊、试试没准能行”的态度，让他在感情里吃了很多亏，和一些不合适的人相处受尽煎熬，到后来他就不想谈恋爱了。

找工作也是如此，如果你提前了解目标工作的真相，树立自己的择业标准，那么找到的工作多数是非常精准的。但是，Sam就死心眼地认为“不做一做，不试一试，怎么知道工作的真相呢？必须亲自试一试”。结果他浪费了很多时间，如果当初他能通过了解工作真相，及早构建自己的发展标准，就不会听凭上司摆布被随意分配部门，也不会在一个没有发展的业务部门待了3年，动弹不得。

不少和Sam一样欠缺标准的人，也都非要试一试才知道工作的真相，才知道自己适合不适合，所以就去了一些不那么好的企业，进一步把自己的履历抹花，然后受限于“招聘市场的破窗效应”（招聘网站的算法机制是帮助企业找到有工作经验的人，“招聘市场的破窗效应”就是你就职一家好公司，未来吸引的都是和它一样好甚至更好的公司；你就职一家不好的公司，未来吸引的都是和它一样不好甚至还不如它的公司），求职更加艰难，进入恶性循环。

可见，标准意识是非常重要的，如何才能拥有清晰的标准呢？

1. 你可以写下三件你最不想做的事情，然后坚决不在这三件事上浪费时间。

Sam一直有技术人员的“35岁危机”，很害怕自己在那个年龄被淘汰。他一直希望找到自己的第二增长曲线，用副业赚钱，让自己更有发展。

但是在实现这个目标的过程中，他接触和了解到的多数是一些外向的人的操作方法：如何写文章拍短视频做自媒体、做社群、讲课。像他这样内向的人，是非常抗拒的，但是因为接触的人都靠这些实现了副业的收入增长，他就考虑自己是不是也应该这样做。

他羡慕他人能副业挣钱，又鄙视人家做的事情非常简单，不高级不专业，搞得自己非常矛盾，开始内耗、扭曲。

我告诉Sam，**实现任何目标的过程本质上都是确定自己的标准的过程，而确定标准最先要确定的是不做什么。一旦识别出自己不想做的事情，或者做起来非常痛苦的事情，就不要因为身边的人都在做而去强行改变自己，而是要大胆写下自己不想做的事情，然后坚决不在这些事上浪费时间。**

Sam写下自己非常厌恶的事：和低端用户打交道、写文章拍视频分享技术干货、运营社群。

当他写下这些抗拒的事情的时候，他心里如释重负，这就是他的标准。只有坚决不做这些事，他的宝贵精力才能被节约下来，他才能专注于更适合自己的事情。

于是，Sam开始每天寻找自己的第二增长曲线。有了自己的标准后他的效率高很多，只要遇到了推荐他做这几件事的人，他就马上拒绝，不管对方如何苦口婆心，他都绝不在这几件事上浪费时间。

两个月后，他找到了一个自己非常感兴趣的领域：资产配置。他发现，学习金融知识，进行资产配置，研究如何钱生钱这件事非常有趣。

又过了三个月，他在这件事上赚到了副业的第一桶金，非常有成就感。他找到我说："七芊老师，你说得非常对，确定标准就是确定自己不要什么，不在什么事情上浪费时间，这样才能节约宝贵的精力。表面上看我花了半年的时间才实现目标，赚到副业的第一桶金，但是如果我持续在那些别人认为好，却根本不适合自己的选项上浪费时间，我几年都不会赚到这笔钱。标准真的非常重要。"

2. 了解客观世界对一件事的评价标准，了解得越清晰，自己的标准就越清晰。

Sam在找到自己的第二增长曲线后，经常陷入一种幻想，比如他会制定自己一个月赚5万元副业收入的目标，好像围绕这个目标努力，目标就一定会达成，结果接连几个月，目标都无法达成，他持续受到打击，就不想继续做了。

我提醒他，要想把一件事做成功，不应在你不懂的情况下设立一个结果指标，而应先了解这件事的通识标准。

比如，一家公司的创业老板，自己不知道怎样赚钱，招聘来一群员工，说大家一起摸索，然后给他们设置的目标是每个月赚100万元，结果没有一个人在之前的工作经历里赚过100万元，目标自然就无法实现。长久下来，团队士气低迷，老板承担成本，苦不堪言，公司自然就会倒闭。

因此，我们要了解客观世界的真实标准，也就是做这件事、干这个行业的人，他们的真实标准是什么，由此来确定科学的标准，而不要拍脑门决定自己的标准是什么。

Sam通过向做投资理财、资产配置的20个人请教，发现大家所说的投资回报率，包括投资回报周期都远低于他给自己设置的目标。也就是说，像他这样的小白，能够一个月赚3000元已经很好了，后续就是围绕着这个目标逐步提升。

了解了市场通识的标准后，Sam不再执着于每个月赚5

万元的目标，而是接受自己新手的身份，先从每月赚3000元做起。

他在专业人士的指导下，在两个月后便达成了这个目标。自此他每个月都有3000元的额外收入，有时他还被邀请到一个金融行业内部社群做分享，课时费是一场4500元，他开心不已。通过不断锤炼自己的操作方法，一年下来通过第二增长曲线他一共赚到了12万元。

这个时候他才意识到，与其在自己幻想的目标里纠结为什么不行，不如了解目标的通识标准。每个月赚3000元一年就有3.6万元，而一直执迷于5万元，赚不到就自我打击，那么可能一年都赚不到这5万元。这么一算，围绕客观标准去理性努力的效率要高很多。

3. 明确自己想要的，拒绝任何与此无关的选项。

如果我们明确了自己不要做的事，以及客观世界中评价这件事的标准，那么剩下的就是我们想要实现的事了，这就是我们初步真实的标准。尊重这个标准，任何和此标准无关的诱人选项都不要选择，你的决策效率就会得到极大提升。

Sam寻求第二增长曲线的目标确定过程如下。

不做什么：和低端用户打交道，写文章、拍视频，分享技术干货，运营社群。

客观评价标准：新手阶段每个月先挑战赚3000元。

自己想实现的事：能够接触更多金融人士，破圈，了解更多赚钱的方法，打开眼界。

最终，Sam发现当他拥有了非常清晰的标准之后，很多方法、很多诱惑再过来，他都可以明确地拒绝，自己的精力得到了最大限度的节约。

比如，有人让他创办副业赚钱的社群，通过教他人副业创收实现盈利，Sam就明确拒绝，因为这不符合他的第一条标准。有人给他投资回报率更高的房地产长租公寓的增收项目，他综合对比了自己的工作时间、体力、精力，发现这个项目不符合自己实际的生产力情况，不符合自己的第二条标准，他也拒绝了。最后，有人让他继续做技术类别的副业增收项目，他觉得无法破圈，来来回回都是这些技术人，不符合自己的第三条标准，所以他也明确拒绝了。

标准存在的意义就是拒绝消耗，Sam也在这个过程中养成了确定标准、高效决策的意识。把宝贵的精力放在真正有价值的事情上，让他更高效地取得了成功。

2023年我在北京西单图书大厦签售第3本书《精准求职》的时候，Sam也来到了现场，5年后的他已经结婚生子，进入了行业头部的知名金融集团担任技术总监，现在他在北京也已经有了一套房子。

他在朋友圈发签售会照片的时候写了一句话，我印象很深刻：构建自己的标准是我们在对人生进行主动选择，也只有主动选择才能成就真正的自我。

综上所述，知道不浪费精力在什么事情上，了解客观世界中某件事成功的标准，找到自己想要实现的目标，做好这三件事，才能让你不被舆论裹挟去做自己不擅长的事，才能真正让你找到适合自己的清晰目标。

本篇练习

1. 你最不想做的事是什么？

2. 客观世界对你想做的这件事的评价标准是什么？

3. 你想要实现的目标是什么？

4

先有行动，后有目标

迷茫的人总想着先想清楚再干，而目标清晰的人知道想是无法想清楚的，只有干了才能清楚。

——七芊

有一天，在我的直播间里，一名叫小荷的学员问："七芊老师，我普通本科英语专业毕业，在补课机构做英语助教。我想创办自己的留学咨询工作室，但是我根本不懂留学，我怎么才能成功？"

我当时对她讲："你不懂留学却想创办留学咨询工作室，那怎么可能成功呢？这个目标是假的啊，人不可能实现虚假的目标。"

一个人为什么会执着于虚假的目标，还幻想它会成功呢？

因为这类人思维方式的本质不是先行动，再根据行动的反馈确定自己的目标，而是先思考，试图先准备好再开始。

小荷的这种思维方式本身就比较容易让自己迷茫，她在做事之前已经在头脑里胡思乱想，没有一点有利的行动，慢慢就变得对自己特别没有信心，不敢树立自己的目标，凡事畏首畏尾。

清晰的目标感并不是头脑里的灵光一现，而是建立在行动的基础上的，针对行动的反馈，提出具体问题，在解决具体问题的过程中获得自己未来前进的方向。

如果小荷改变了这种“想好再做”的负面思维方式，转而采用先行动，遇到具体问题就去解决具体问题的思维方式，那么她完全可以打开新的局面。

她可以先尝试向有经验的人请教国际教育留学咨询领域的具体商业模式，最简单的方式是自己接单操作一次。她在操作过程中会遇到具体的问题，比如：如何正确帮助学生进行背景提升，从而可以申请更好的院校。她在解决这个具体问题的过程中可以确定自己是否适合这个领域，以及放弃不适合自己的板块，找到在这个领域里自己更愿意做的板块。

关于这个目标和实现目标的方法，她在行动过程中很快就会找到。

小荷这类内耗比较严重的学员为什么不敢直接行动呢？因为他们欠缺正确行动的思维方式。

1. 做和人互动、有反馈的事情，而不要一直做输入性的学习，不行动。

小荷是那种表面非常勤奋、非常积极、每年都买好多课、听好多课的人。

我当时非常奇怪，为什么一个这么爱学习的人，生活和思维方式并没有因为她爱学习而发生巨大的转变呢？她依旧在从事低薪的工作，工作10年还不是讲师，只能去做助教。

在观察她一段时间后我发现，原因就是她的学习方式出了问题。她一直在做令人疲惫的输入性学习，从来不把学到的知识应用于行动之中。也就是说，她盲目追求知识的量，而没有意识到知识只有用了才是自己的，才能改变自己的现状。

学到的东西很快会忘记，这加深了她的空虚感，她就需要买更多的课、更多的书去学习，最终导致疲惫性输入，一直用学习的勤奋来掩盖行动的懒惰。长此以往，她就越来越疲惫，越来越空虚。

没有具体的行动，没有在行动中获得反馈，没有根据反馈修正自己的行为，自然不会在行动目标上取得任何成绩。

我提醒小荷，要做有互动的行动。所谓互动就是要有产出，要触达机会，要得到反馈。只有这样才能改变内耗的思维模式。

小荷非常想做留学带货主播并买了一堆课，她说："不行啊，我这差得太多了，我需要学习，了解后我才能开始干。"

我在直播间里指出她的问题："你不需要先学，不需要学好了再开始干。你可以直接打开手机就开始直播，看看受众的反馈是什么，看看自己实际操作过程中的卡点是什么，然后找到具体的问题，去这些课程里找答案。当然，最好是向有成功经验的人请教获得答案，然后自己快速在行动中进步，再看看受众的反馈，不断地调节这个行动，这件事很快就可以做成了。"

如果知识不用起来，我们就永远无法改变自己的现状、找到自己真实的问题和未来改进的方向，自然也就永远无法找到真实的目标。

2. 做对于自己而言最简单的行动。

小荷有一段痛苦的人生经历：她想创办留学咨询工作室，借钱租了一个场地，搞了不错的装修，然后发现自己根本没有个人品牌，没有影响力，性格内向不擅长销售。她坚持了6个月，欠了30多万元的债务，搞得自己疲惫不堪，不得不关闭这个“绣花枕头”工作室。

在四线城市30多万元的债务，她差不多还了三年。自那以后，她什么都不敢做，谨小慎微，越发养成了不敢行动的负面思维方式。

这段经历的问题出现在哪里呢？这是典型的“文科生困境”，**就是凡事不找关键点，只在形式上绣花。**

做留学咨询的关键点是知道产品是什么，如何获客，如何提高成交效率。不在这些关键点上下功夫，而在选择场地、装修、希望别人知道你在创业、希望别人觉得你厉害这些无用的形式和自尊上浪费时间，肯定会吃大亏。

一定要做对自己而言最简单的事。最简单的事就是不需要别人帮你，不需要复杂的形式，不需要外界的任何支持，你一个人就可以简单轻松地去做，而且每天都可以持续去做的那件事。

就留学咨询这件事来讲，对一个人而言最简单的事就是每天写一篇获客文章，然后选择你能接触到的渠道去分发。这非常简单，有人来咨询你就可以了解他的问题，向他推销你的产品，然后看如何成交，如何服务。

不断在这个过程中发现问题、改进行动，这件事就逐步做成了。不要大费周章地借钱、租场地、搞装修，这些哪一件是简单的事情？这些都是费时费力的事，自己也非常痛苦，可能还会自我感动，美其名曰“创业必要的尝试”，实际上是在行为方式上出了问题。

所以，我提醒她，未来凡是希望别人觉得你厉害的事都不要做，只要有这个想法就直接提醒自己“这件事我不做”。这样她至少不会反复陷入“文科生困境”，反复在形式主义上浪费时间。

3. 在解决具体问题的过程中获得方向。

小荷这样的人特别害怕负面反馈，她追求的是所有事一次性成功。她很害怕过程中的失败，因为失败对她来讲就是致命的打击，让她更不敢尝试。这是非常典型的弱者思维，不符合做成功一件事的客观逻辑。

强者思维是什么样的呢？强者知道一次性成功是一种侥幸，**客观规律是一件事的成功来源于无数次迭代、无数次改进，直到你的方法无限接近客观事实。只有摸透了这件事成功的底层规律，这件事情才能做成**。

所以，做一件事能成功的人，他的思维方式是期待看到事情的负面反馈，针对负面反馈进行改进，调整自己的行为模式，重新测试，再根据反馈不断改进，如此反复多次，让自己无限接近成功的底层逻辑，这件事就做成了。

弱者不敢接收负面反馈，收到负面反馈就自我打击，就逃跑。行动一停，就没有量变，自然就不会有成功的机会。而强者需要看到做这件事失败的点，根据负面反馈不断调整，持续再试，最终由量变引发质变，就一定会成功。

就小荷的经历而言，一个强者思维的人不会因为创业失败负债30多万元就不敢再做这件事，而会复盘，看到自己失败的点，然后在下一次行动中尝试避免这种失败。强者不会在形式上绣花，而会关注更有用的底层逻辑：如何获客。

专注点在获客上，那就要尝试很多不同的渠道和方法，这个过程中会产生很多具体问题，比如：什么渠道的获客成本更低？没有钱如何高效率引流？怎样提高自己获客的效率？当一个人遇到这些具体问题的时候，他就需要找到这些问题的解决方案，在尝试解决的过程中摸索自己的方法和未来的方向。

社会实践学习和校园书本学习最大的不同是，校园书本学习有唯一的标准答案，先学后干，而社会实践学习是先干后学，围绕具体的问题学习改进，因为凡事都没有标准答案，不管黑猫白猫，抓住耗子就是好猫。

针对上述，大部分人无法找到目标的原因在于认为要先想明白才能去干，而实际上，想是永远想不明白的。只有干，才能想明白。只有先行动，才能逐步找到适合自己的目标。

对于很多像小荷这样对自己没有自信、爱幻想、时常内耗的人，我给出的建议是：不管三七二十一，先行动起来。当你惧怕失败产生的负面反馈的时候，也别忙着自我打击，要围绕你的目标，复盘看看如何改进做法，一次不行再试十次，直到成功为止。当你习惯了这种先行动后有目标的思维方式的时候，你会发现生活中很多小目标都可以轻松实现。只有尽早适应社会实践学习的方法和逻辑才能尽快走出思维困境。不在虚假的目标上浪费时间，才能尽快走出幻境，找到清晰的人生方向。

本篇练习

1. 你准备为了你的目标和哪些人接触？
2. 对你而言，实现目标最简单的行动是什么？
3. 持续行动的过程中你的卡点是什么？

5

沉淀你的1.0版本目标

通过本章的内容，大家可以发现，我们从没有目标过渡到有初步的目标感需要经历：

激发欲望—摆脱自卑—确定标准—互动行动这4个阶段。

那么这4个阶段最终沉淀下来的目标是什么样子呢？大家可以按照如下问题进行梳理：

1. 我的目标是什么？

2. 我为什么要实现这个目标？（正面推动力和负面推动力

是什么）

3. 关于这个目标，我的标准是什么？（不想做什么，客观标准是什么，想做什么）

4. 我可以为这个目标做哪些力所能及的行动？

二

实现目标第二步：
验证你的目标，放弃虚假的目标

1

大胆验证目标，不在幻想里浪费时间

一直耽误在错误的路上，就一直没有办法走上正确的路。

——七芊

人们总是认为自己无法实现目标的原因是意志力不够，不够自律。实际上并不是这样，每个人的意志力都是差不多的，核心问题在于某些人的目标是假的，而人无法实现虚假的目标。

一个嫌弃自己胖，总想减肥却总也减不下来的人，怪自己意志力不够，自我打击。实际上，减肥的目标对他而言是假的，他只是嘴上说要减肥，但是内心深处根本不想减肥。不管这种“不想”是出于对自己的不自信，状态的低迷，还是对美食的执着，总之，他就是不想。目标是假的，就注定无法实现。

现实中，许多时候，我们都被自己的幻想骗了，我们心甘情愿地沉浸在幻想中，不敢也不愿意去打破它，好像打破了它，我们的那一点点希望也就跟着没有了。

于是，幻想开始浪费我们的时间，让我们没有精力和体力去做真正正确的事情。

我的学员安文在电商头部公司已经工作了14年，即便她兢兢业业，也仍然是一名普通的员工，一直没有升职。

在新冠疫情期间，她和她所在的业务部同事要被裁员。她非常惶恐，性格内向的她已经14年没有接触过外面的世界，根本不知道外面的企业到底怎样看待她。对于求职新的工作，她分外惶恐。

在2020年刚接到集团裁员信息的时候，她就想求职转行，但是迟迟没有行动，因为她总抱有幻想，觉得万一不裁她呢？结果周围的人一个接着一个被裁，她每天非常惶恐。我当时在直播时告诉她："大趋势不可逆，必须及早做打算，赶紧行动起来。"但她总以工作比较忙为借口拖延，求职这个目标对于她而言就是假的，她根本不想求职。

到了2021年，她周围的人已经全部被裁了，集团后期已经不想给裁员赔偿了，所以决定把没有被裁员的低阶老员工转为外包员工，降薪保本，薪资直降50%。如果员工能接受这个条件，就留下来，不能接受就走人。

这个时候她不得不动了，可这时就业环境比前一年差非常多。她求职效率变得极低，又没有拿到裁员赔偿，裸辞后失业了一年的时间。如果当初她放弃“自己可能是例外”的幻想，及早准备，及早行动，就不会落得如此被动的地步。失业、贫穷、空窗，在那一年压得她喘不过气。

然而，爱幻想的毛病还是如影随形地跟着她，安文的目标是进入深圳当地的大型互联网公司工作，薪资最好不要降，能继续从事项目中台管理的工作。

她有一次拿到了一家北京大企业的面试邀请，但是对方的岗位要求是在北京工作。可是，安文在深圳已经定居且有孩子了，她的幻想症又开始爆发，认为自己经过一轮一轮面试，如果面试到最后成功了，就向面试官申请在深圳工作，没准对方能同意呢！

因为一直对这家企业抱有幻想，她找其他工作都不上心，满心期望这家企业可以录用自己，结果浪费了3个月进入终面，被对方告知没有可能，岗位要求必须在北京常驻办公。

安文的幻想症让她浪费了至少3年时间，一个本来应该在2020年用3个月就能解决的求职问题，她生生拖延了3年。她拖没了所有好的市场求职时机，拖没了大部分对自己有利的机会，让自己陷入被动、压抑、痛苦之中。

如果你一直耽误在错误的路上，就没有可能走上正确的路。

如果能早日学会验证虚假的目标，那么做所有事情的效率都会高很多，可以及早放弃虚假的目标，找到正确的目标，走上正确的路，摆脱困境。

如何大胆验证目标，不在幻想里浪费时间呢？

1. 用最短的时间去验证一件事是不是可行，大量地向人求证事情的真相，大胆放弃不可行的那条路。

安文的思维方式是“很怕一件事不行”，所以她不敢验证，才对很多事情抱有幻想，把幻想错当希望，结果进入恶性循环。

以最高效率走上正确的路的方法是在选择之初找出行不通的方式，然后绝不在错误的路上浪费时间，节约宝贵的精力寻找新的路，不断验证几次，很快就会找到适合自己的路。

找与这件事有关的人去验证，了解事情的真相，问最终的结果，要习惯去验证不行的结果，而不是行的结果。

如果安文在一开始就能通过与高管及人力资源部门的同事沟通，确认集团的裁员信息，不对裁员抱有幻想，那么她可以抓住非常有利的机会去求职，最差也能拿到裁员赔偿，给自己留出充分的准备时间。

如果她能在第一轮面试的时候就直接向面试官问清楚自己能否在深圳当地工作，得到对方明确拒绝后，就不会浪费3个月的时间试图通过最终面试再委婉表达，最后得到仍然不行的结果。

很多时候，问题并不会因为我们不敢提出来就不存在，也不会因为我们的拖延就不会发生。你不直面它，它会一直存在，会积重难返式地爆发出来。

所以，如果你害怕知道一件事不行，那么你会一直困在痛苦的囚笼中，永远无法走上正确的路。不如大胆地向大量的人去求证，只有看到事情的真相，才能找到客观有效的解决方案。

2. 放弃那些别人觉得好，但是你觉得很痛苦的目标。

对于大部人来讲，让你痛苦的事情往往都不可持续。持续投入时间和精力在让自己痛苦的事情上，往往收效甚微，并且还会因为积累了太多心理压力而带来巨大的情绪反噬，比如抑郁、自我贬低、自我禁锢等，一旦产生这些情绪就会自然逃避，进展速度反而更慢。

一定要听从身体本身的感受和心里的感受，及早放弃让自己痛苦的目标。

安文在实现自己的求职目标的时候听别人说AI行业好，新能源行业好，她也动心想要看看自己在这些行业里是否有机会。在网络上学习到一些复杂的行业调研分析方法后，她也像模像样地跟着做了起来，结果复杂的方法让她痛苦不已，晕头转向。她觉得光是看这些技术驱动的大模型就已经很痛苦了，她根本看不懂，也找不到契合自己的岗位。

但是她又觉得是因为自己过时了，14年没有接触过外面的世界，是自己的问题，所以强迫自己继续做，结果越做心理压力越大、越痛苦。最终1个月后她放弃了，然后又闲散了两个月逃避就业问题。

真正可以被实现的目标，真正正确的方法都能够让你身心愉悦，感受到做这件事的乐趣和意义，激发你的正能量。

如果做一件事让你非常痛苦，要么这件事是错的，要么做这件事的方法是错的。你可以尝试切换方法，如果尝试了所有你能用的方法仍然觉得痛苦，那就是这件事有问题。放弃这个虚假的目标，即便别人都说好，你也可以放弃，节约出宝贵的精力去做对于你而言更简单、更快乐的那件事，这才是事半功倍的做法。

3. 放弃那些你觉得正确，但就是不想去完成的目标。

很多目标的虚假之处在于，你觉得它是必要的，但是你就是没有兴致去完成它，经常拖延、逃避。这样低效率的目标要趁早放弃，它是假的。

安文在求职转行陪跑营中，连续求职了6个月的时间，简历累计投了70多家，只收到了一家公司的线上面试，可以说反馈效率非常低。

我问她在效率这么低的情况下，怎么没有考虑换一个角度，比如切换求职工具，考虑用社群类求职工具（付费加入某些行业的圈子）、投资人类求职工具（国内投资机构的公众号）、职业教育类求职工具（付费加入具体职业技能学习课程）等提升整体的求职效率。安文对于改变求职方法没有特别大的热情，她认可这些工具是好用的，是求职必要的，但是行动上就是动不起来。

我劝安文想清楚自己是否真的需要求职这件事。如果自己只是缺钱，那么她可以去做一些赚钱的事；如果自己就是想休息，那么她可以大胆休息几天。不要强迫自己的身体去做自己不想做的事情，这样做事倍功半，还容易劳而无功。

安文承认当时她太急躁了，对于被裁员的恐惧，对于经济压力的恐惧，她非常慌张地在行动。但是，她内心并不想求职，这个目标是假的，自然怎么努力都无法实现目标。

后来，她休息了一段时间，上了我的目标感课程，找到了关于人生目标的正向推动力。她发现自己一直恐惧的是经济问题，于是她沉下心来攻克自己的经济问题，通过兼职做运营，做到了不上班也可以赚到不愁吃喝的钱。这个目标不仅让她在过程中体会到了快乐，还让她很快看到了自己想要的金钱结果。我对她说，这个目标才是真的。

对大部分人而言，目标没有实现的核心原因都是目标是假的。如果目标是真的，那么你每天会自发地去做这件事，会在这个过程中得到无尽的热情和正能量，会自然而然坚持下来。所以，停止幻想，放弃那些假的目标，把宝贵的时间和精力放在发现那些潜在的真实目标上，我们才能尽快走上正确的路，看到本应该属于我们的太阳。

本篇练习

1. 你的哪些目标是假的？
2. 哪些是别人觉得好，而你觉得很痛苦的目标？
3. 哪些目标你觉得很正确，但就是不想去完成？
4. 写下你不在虚假目标上浪费时间的誓言。

2

你有你的想法，世界另有安排

你以为的只是你以为的，想做成一件事，需要的是给你机会的人以为的，需要的是客观事实以为的。

——七芊

许多人的失败原因都是陷在主观自我里，因为客观事实和自认为的不一样，所以十分痛苦。

我的学员光曦，曾是央视的导演，新冠疫情期间被裁员，离开北京去了深圳。到了深圳之后，她失业了一年多的时间没有找到工作，后来加入了我的求职转行陪跑营。在求职过程中，我发现光曦最大的问题就是非常主观，常常陷入“我以为”的陷阱。

比如，在写简历的时候，她经常不管不顾企业的需求，从不考虑企业到底在乎什么，就把自己以为正确的拼命堆砌上去，导致简历有三四页，看上去都是她参与的吓死人的大项目，实际对于求职没什么用。

很多岗位，她觉得自己可以做，但不明白为什么企业就是不给她机会。她不知道的是这些她认为非常优秀的履历，在很多企业看来，只是增加了她更不合适的证据。

于是就形成了对立的两方。

自我方：我这么优秀，我觉得我能行。

客观方：你非常优秀，但是不符合我的要求。

如果一个人非常自我，不管不顾客观标准，就很容易造成孤芳自赏的局面。所以，走向客观，是我们实现目标的必经之路。如何才能塑造自己的客观思维，尽最大可能避免主观对我们的干扰呢?

1. 了解给你机会的人如何看待你，根据他们的需求调整自己的表达方式。

光曦本身是一个非常骄傲的人，很害怕受到外界的打击。

每一个有能力的人都难以避免陷入这样的陷阱中。他们因为优秀，形成了思维惯性，认为他人无法理解自己，所以顽固地走自己认为对的路。

光曦内心深处是非常自卑的，自卑于自己的年龄、自己的经验不被企业认可、失业一年多的经济压力，等等，但是骄傲让她放不下面子，让她越来越顽固。

我对她讲，要想真正解决问题，必须走向客观，了解和你目标有关的人对你的真实看法，而不要害怕这些看法是负面的，这会加重对自己的打击。只有了解了事实的真相，你才知道应该如何展现自己，如何调整自己的行为模式，才能实现自己的目标。

于是我给她推荐了一个方法，即找到自己的“贵人”画像和“小人”画像。我让她在每一次的面试中记录下这类面试官对自己的看法，找到喜欢自己的人的画像，也要找到不喜欢自己的人的画像。

在接下来的面试中，光曦发现了很多她之前没有留意过的信息。她的“贵人”画像往往是那些和她履历相似、名校毕业、留过学、也曾在媒体工作过、年龄普遍在四五十岁、性格温润宽厚的人。

这样的面试官和她更有共同语言，也更能理解她的想法，肯定她的价值。他们更看重她的媒体经验、内容制作的能力，以及策划传播事件的能力。

相对而言，她的“小人”画像就是一些学历水平普通或者偏低，却非常张扬跋扈，走“能干”路线的年轻面试官。在这类人眼里，她往往是华而不实的，而且非常骄傲，不接地气，所以说话也处处带刺。

不过，光曦也找到了应对这类人的表达方式。这类人从小就缺乏外界的认可，他们的所有强势、能干，都是在拼命向外界证明他们可以。所以，只要她表达赞美和认同，就可以很快和这类人拉近关系，破除偏见。

在一次面试中，她遇到了这类画像的面试官，对方处处奚落她。但是光曦表达了自己的善意和对对方的肯定，觉得对方说得很对，而且很有能力，很多建议是非常好的。结果对方一下就放下了姿态，给了她很多实用的信息，还主动帮她把简历递交给了很多同类型的优质公司。

光曦掌握了这个方法后，会主动寻求了解周围的人对她的印象标签，了解面试官眼里的自己，这让她清楚应该在面试官面前如何表达自己，为自己争取机会。

2. 了解客观世界中衡量一件事成功的标准是什么。

非常自我的人失败的原因多数是不愿意去了解一件事成功的标准到底是什么。

这些人会臆想出一个根本就无法做到的标准，然后对这个标准产生畏惧，而为了掩饰自己的畏惧，就傲娇地选择忽视。这类似于“你们的评估标准是这个，我做不到是因为我不想做，我就是要靠自己的方式成功”。

这种思维方式往往会让人事倍功半，在漫长的时间里没有正面反馈，还会加深自我打击力度。

光曦也是这样，她不敢去了解优秀的企业拒绝她的真实原因，她觉得是自己不够优秀，所以才会拼命在自己的简历里罗列那些看上去很厉害的履历。我对她说：“如果你不知道做这件事客观的衡量标准是什么，越是去做你认为对的事情，反而越容易失败。”

我让她做一件事，大胆地去了解衡量目标的成功标准到底是什么。在同13位面试官及企业从业者交流后，光曦发现，她的想法完全是错误的，客观事实与她以为的正好相反。

她过去认为那些她很喜欢的企业不要她是因为她不够优秀，所以她拼命罗列那些她认为很厉害的履历，但真实的情况是，企业看到这些履历后反而加深了她不适合的判断。因为她的这些履历都在证明她是一个传统的、擅长做纪录片内容的人，而这些企业需要的是一个懂年轻人、懂新媒体、做的内容可以为企业获客的人。

光曦曾经非常想去AI这个新行业赛道，但是当时的业态并不成熟，都是一些新兴发展的中小企业。她想降薪加入这些企业，但这些企业都不要她。她以为是因为自己年龄大、没有工作经验、工资要求高，所以自己每次都低三下四地把求职薪水降到最低，却还是不行。

实际情况是这类处于发展阶段的企业，并不需要像她这样做内容、做传播的人才，他们需要的是懂销售、有技术的更能为企业生存带来实际利益的人。即便是做内容，需要的也是能够为企业带来客户的内容。

了解了目标企业的真实需求后，她才明白，她一直都顽固地走向了相反的方向。她应该大胆地向企业展示自己擅长做获客类的内容，也应该放弃那些不适合的企业。

大胆地了解目标企业真实的需求和客观的评价标准，有利于我们更客观地找到自己的位置，更理性、更精准地组织我们的行动，科学设计达成目标的步骤。

3. 找到自我和标准的平衡点，也就是你可以轻松做到，并且不排斥的那件事。

了解了客观世界的评价标准，以及给自己机会的人如何看待自己之后，你可以得到一个做一件事成功的客观标准。在客观标准中仍然有许多你做不到，或者说不愿意做的事，那么平衡点就是，找到你可以轻松做到，并且不排斥的那件事。

对于光曦的求职目标而言，想要完成求职转行这个目标，她了解了给自己机会的人是如何看待自己的：看重她的媒体经验，看重她的短视频内容设计能力，看重她策划传播事件的能力。她也了解了目标企业的客观标准：AI行业中的小企业需要的是能够做出获客内容的人，大企业需要的是能够做出有影响力的传播内容的人。

以她自己的经验和思维方式确实没有办法做出获客的内容，她更擅长做出有影响力的内容。在公司选择上，她也确实没有办法加入那些不成规模的小公司，她更适合那些规则完善的大企业。她不想勉强自己去做不擅长的事，融入不适合自己的环境。

最终，对于光曦而言，平衡客观标准和自我的关键点就是：进入AI行业中发展到一定阶段的大企业，从事和内容传播相关的工作，也就是公关工作。

找到做这件事的客观标准之后，她全力以赴去找与标准相匹配的工作，从而实现自己的目标。

因为比较排斥和HR打交道，光曦开始研究什么样的求职渠道可以有这样的大企业。她先后加入了10个做公关的社群，在社群里疯狂加人，自我推荐。后来她又关注了12个做AI行业分析的财经公众号，积极参与线上线下活动，积极推销自己。同时她也在投递自己的简历，不断调整自己的面试表达。

3个月后，她终于通过一名面试官的转介绍，加入了一家正好有AI大模型业务的大企业，进入了集团公关部，负责AI赛道的公关传播工作，而且意外地实现了三倍涨薪。

实现目标的重中之重是客观标准，不要把自己当人，要把自己当数据，不断根据客观世界的标准，结合给自己机会的人看待自己的观点，去调整自己这个数据的属性，找到自己的标准，并且围绕这个标准调整自己的行动，设计自己的成功路径。

很多时候，我们会被“我以为”这些主观的因素干扰，很长时间困在自我内耗中。时刻记得，你以为的只是你以为的，想做成一件事，需要的是给你机会的人以为的，需要的是客观世界以为的。或许在某个人生阶段中，我们还不足以达到客观事实的评价标准，但是我们可以不断拉近距离，直到完全达到为止。哪怕不能完全达到，我们也因为不断接近客观成功的标准而成了更好的人。

本篇练习

1. 和目标有关的人是如何看待你的？
2. 客观世界中衡量一件事成功的标准是什么？
3. 自我和客观标准的平衡点是什么？

3

你以为花十年要完成的，极有可能一年就完成了

你以为要花好多年实现的事情，其实很快就可以实现，阻碍它实现的，是你的逃避和拖延。

——七芊

我有一个非常要好的大学同学叫金子，他从东京大学硕士毕业后进入了亚洲顶尖的金融集团三井住友，做与资产管理相关的工作。

金子是我大学时候的主持人搭档，我们两个一起主持了无数场活动。读书的时候，我们就经常聊天，聊我们未来想要做什么，想要成为什么样的人。毕业后我们的话题变了，金子经常和我聊起他在国外的工作有多么压抑，多么扼杀他的表达

欲，多么撕裂他的人格。

2020年的时候，我正好去日本休养，在东京见到了金子，我们两个在东京塔下漫步，聊这么多年的变化。他说他一直非常想辞职，非常想创业，特别想要自由，现在的工作让他觉得特别压抑。

有一天，他的上司给他写的升职评价是，他是一个内向而认真的人。他特别郁闷地对我说："我这么能说会道、活泼开朗的一个人，恨不得天天上台演讲，你说工作给我逼成啥样了？上司还觉得我是个内向的人。我要释放，你知道我现在多想不干了，就是想创业，离开这个地方。"

就是想创业这句话，金子已经说了6年，但是从来没有实现。我问金子理想的生活状态是什么样子的，他说："我想去大学演讲，想去很多知名的活动和宴会做嘉宾，想做很多出风头的事。"我当时不解地说："你说的这些，你现在就可以去做啊。"但是金子觉得自己还不够格，他还需要准备，他觉得至少要有博士学历才能去大学演讲，至少要在自己所在的领域取得傲人的成绩才能参与知名活动和做嘉宾。

这下，我明白了金子的问题出在哪里，他总认为完成一件他认为神圣的事情需要准备很多，需要很长时间，而实际上他从来没有为这件事做些什么。

我和金子分享了自己完成3年目标和5年目标后的一些心得体会。

1. 永远要为你的目标设计最短的执行路径，也就是一步就能达成的步骤，但凡超过一步，就有拖延和绕远的风险。

我对金子讲，如果他的目标就是进入大学演讲，他根本就不需要读到博士才有资格。他可以了解大学的需求，完全可以找到一个对于大学有帮助的项目，通过这个项目就可以接触到对方，实现他的愿望。

我讲到了自己当时在68所大学演讲，四分之三的大学是“985”，就是因为自己的第1本书《你怎样过一天，就怎样过一生》讲的是大学生就业，被出版社鼎力推荐到知名大学做签售会，后来就有越来越多的校方邀请我去演讲。

这里面的很多大学是我当年无论如何也考不上的大学，但是在我所在的职业选择领域里，我就是比他们更有成果的人，我可以用我的优势帮助他们。这其实并不是金子所以为的，要读到博士才能做到的事情。

同样，如果金子就是想成为很多顶尖活动的嘉宾，也并不需要像他以为的要成为这个领域里最顶尖的人才能参与。成为最顶尖其实就是在无限拖延实现目标。实际上，你只要找准自己可以帮助他人的点，找到符合你的活动，推荐自己，就可以去做演讲嘉宾了。对于很多不如你的，不了解你这个领域的人，你的演讲就是他们需要的。

创业也是这样，你并不需要非常详细缜密的商业计划，非常优秀的团队，非常好的产品，非常优越的办公场地。

注册一个公司，想好你的产品，简单开卖，剩下的就留给市场，针对反馈不断调整就好了。永远要为你的目标设计最短的执行路径，也就是一步就能达成的步骤，但凡超过一步，就有拖延和绕远的风险。梦想实现起来根本就不需要那么长的时间。

越是精英教育，越会束缚自己的思维。大家总是会拘泥于做一件事的资格，拼命努力地去准备这个资格，而内心深处一直觉得自己不配，不管自己多么优秀都觉得不具备资格。所以，具备做一件事资格的这种想法，本质上就是拖延的借口。

人生其实并没有配不配，只有你想不想。设计好最短的路径，你会发现，一切都没那么困难。

2. 围绕你的目标，每天去做一件小事，你会发现，你以为十年才能实现的事，其实一年就可以完成。

金子说了6年想创业都没有创业，他对自己没有信心，觉得自己是语言的巨人、行动的矮子。这种对自我的贬低，更加促使他逃避做这件事，于是一件事就被拖延了6年。

金子很好奇我为什么能够使命必达。毕业的时候我和他说我的3年目标：要进入行业最顶尖的公司，第1本书在全国签售。然后在2017年，目标准时实现了。在朋友圈里，金子看到我在全国签售的照片震惊不已。后来我对他说我要实现我的5年目标：做自己的公司，赚第一桶金，第2本书在全国签售。2019年的时候，目标也如期实现了。金子更震惊了，他不知道我为什么有这么强的行动力。

我和他说秘密就在于：每天围绕梦想做一件小事。

我在刚工作的时候曾经采访过一位知名的作家，我问她如何才能成为和她一样顶尖的作家，她只回答了我一句：从现在开始，每天写一篇文章。

我当时很好奇，就这么简单？于是，我真的去试了，2015年12月我开始日更我的专栏，坚持了一年，这一年期间我的文章被各种官方媒体疯狂转发，我被邀请到各大课程平台讲课，也被邀请到各大宴会上成为座上宾。在2016年12月的时候，我的第1本书签约了业内知名的出版公司，2017年10月我就开始在全国签售第1本书了。

坚持写文章这件小事，用1年的时间就帮我实现了过去的梦想。我发现目标只要实现一次，就能实现无数次，而且实现目标的质量会越来越高。所以，先完成，再完美，先做小事，再聚少成多。

做一件事成功的底层逻辑很简单，就是开始做，一旦开始就会很快。如果永远不开始，永远把问题想得非常复杂，还没开始做就思考这个问题的难点，给自己判了死刑，那么失败并不是因为事难做，而是因为拖延。

金子听完很有启发，他一直都在幻想，从来没有真的为他的目标做点什么。他想创业，可每天连学习创业知识的时间都没有。不做，总以为过程很复杂；去做了，就会发现实现目标的速度是非常快的。

3. 掌握自己从0到1的周期，不断优化这个周期，让成功来得更迅速一些。

做小事的好处是可以通过做小事来了解自己的周期。比如，我当时发现要想从0到1写出有传播度的文章，如果每天花1个小时写1篇，要花3个月的时间。这个周期很重要，如果我每天拿出两个小时，而且在方法上持续改进，能否把这个时间缩短为1个月呢？

做任何事都可以用这个方法，即计算每天投入的时间，看从0到1质变的周期是多久。记住这个周期，不断优化它。

了解自己的行动数据的好处是可以正确估算自己做一件事成功的时间，就不会如同金子一般心存焦虑，总是希望在很短的时间内解决积累了很长时间的负面问题，或者以为做一件事需要很长时间，因为不想忍受这种漫长的等待，所以选择了逃避和拖延。

一个人越了解自己的相关数据，越清楚自己成功的周期，那么他做事就越容易心平气和，制定合理的目标，一点都不焦虑。

我创业的那几年一直和国内很多顶尖的做私募股权基金的人打交道。一位在GGV的投资人朋友讲，中国的初创企业平均存活的时间只有2.5年，他很好奇我是怎样坚持创业这么多年的。我当时回复他的原话是："我了解自己的行动数据，我知道我做一件事从0到1需要3个月，做到在行业内有影响力至少要3年的时间。所以我根本就不会着急，也不会设置什么3年上市这类冒进的目标。因为了解自己，所以我更从容，每年就实现1个目标，便很轻松地坚持了下来。"

截止到2024年，我的公司已经经营了6年的时间，这已经远超出中国初创企业的生存数据了。2023年，我的公司还成为海淀区政府的重点扶持企业，加入了重点就业教育项目。

2020年的时候曾经发生过一件事，就是当时头部的职业教育公司要收购我的公司。投资人邀请我去他们的公司，看他们豪华的办公大厦，对方对我说："你看我们做了10年才做成这个样子，想一想你能坚持10年吗？"

我当时很好奇地想我为什么就不能坚持10年呢？我小时候写书法，非常枯燥，每天写一帖，我写了12年；我非常喜欢写作，每天写1篇文章，我从10岁一直坚持到现在，20年没有间断过……

当你有非常多对于自己行动数据的记录的时候，你就会非常了解自己的行动周期，你才能理解什么叫长期主义，才会毫无功利心地坚持做下去。这个过程很有乐趣，而且你很自信地知道自己一定会成功。正因如此，我拒绝了这家公司。

后来在2021年，这家公司因为鼓励学员贷款学习被查，一家即将上市的公司轰然倒地。我很庆幸当初的决策帮自己躲过了一劫。所以，了解自己的行动数据，不但能让你制定合理的目标，高效提升成功效率，还会让你远离诱惑，持续走在自己迈向成功的正路上。

许多时候，你以为要花好多年实现的事情，其实很快就可以实现。

令我开心的是，在2024年，金子告诉我，他毅然决然地离开了他想离开的地方，开始创业了。他终于下定决心走向新的生活，走向自己真心要走的路。他也终于明白，这个世界上所有的弯路都是不遵循自己的内心所走的路，所有的捷径都是遵循了自己的内心的路。

本篇练习

1. 实现你的目标最短的一步执行路径是什么？
2. 你能为你的目标每天做的一件小事是什么？
3. 计算一下你的成功周期。

4

勇于复盘，相信量变一定会引发质变

命运就是一个人的惯性，如果不复盘，你就会永远沿着惯性走下去，永远没有破局的那天。

——七芊

我的一位学员名字叫Jane，她是英国圣马丁大学服装设计专业毕业的一名设计师，毕业后回国，在国内求职非常不顺利，几经周转，从内衣设计品牌厂商到广告公关公司，每一次都是因为工作态度消极，做事没有结果，人际关系出问题，被大家边缘化。日子久了她痛不欲生，产生内耗，在新冠疫情期间离职，空窗期长达两年。

Jane是一个非常不合群的人，她长得很美，但是一直觉得自己很丑。她工作的地方都很好，但是自己一直觉得很一般。

她的工作岗位也很好，薪酬不错，但她就是觉得没有意义。

我不明白为什么Jane是这么消极的一个人，在直播间连麦时才知道了她的故事。

她很小的时候父母就离异了，她是跟着爷爷奶奶长大的，后来爷爷奶奶去世，她就进入了寄宿学校读高中。别人春节都有地方去，她春节的时候没人接她，父母都不联系她，她一个人在爷爷奶奶的房子里过春节，过寒暑假。父母对她而言就是手机里给钱的ATM机，每次她提出需求，对方就打款。

至于其他方面的关心基本都没有。有一次她母亲问她最近吃得好不好，她躲在厕所哭了好久，因为她父母之前从来没问过她这句话。

她很叛逆，很缺爱，很怨恨自己的父母。后来她以艺术生身份考上了国内的一所大学。大学很普通，毕业的时候找不到工作，她以自己从小被亏欠为要挟，为自己争取了一笔钱去圣马丁大学读书。

Jane一直恨着自己的父母，这种顽固的恨意让她无形中形成了对这个世界的消极态度，产生了顽固的惯性：缺爱的人总会因为他人一个善意温柔的举动而盲目做选择。面对工作重压、周围同事的负面舆论，她瞬间就消极了起来，想逃离。然后她无数次重复这个惯性，直到自己精疲力竭。

我推荐她看一本书《因果的真相》。这本书里讲道：什么是人的命运呢？那就是人的惯性。当你一直按照自己的惯性去做选择，同样的困难和问题就会反复出现，如果不突破自己的惯性，就会一直在这个怪圈里轮回。

Jane想要实现找到满意工作的目标，最重要的一件事就是突破自己过往产生的惯性。最有效的方式是学会复盘。

复盘对于每个人来讲都是至关重要的，它让我们更加了解我们自己，了解我们的目标，了解目标实现过程中由惯性产生的障碍。

如何科学复盘呢？

1. 复盘自己成功的关键动作，不断重复成功的关键动作。

每个人最好的老师都是过去的自己，向过去自己成功的时刻去学习，那个时刻你做的事足以告诉你成功的关键是什么。

Jane讲述她为数不多自认为成功的经历，其中记忆最深的一次是考上了圣马丁大学。她当时的成绩并不突出，圣马丁大学作为国外顶尖的艺术院校，很多国内名牌大学的人申请都会非常困难，更别说像她这样学历和资质普通的人了。

她当时就是想出国，就是想去这所大学。她认为自己最成功的一件事，就是不断通过各种手段去找到和这件事有关的人，去了解关于做这件事的方法。

“在那段时间里，我每天都会在论坛和社群里加很多人，每天都在不停地和相关的人聊天，聊如何准备作品，准备申请资料，学习外语等。当时感觉自己非常充实，行动力也特别强，不像现在这样，每天都浑浑噩噩，也不想社交，闭门造车。”Jane说道。

提到“闭门造车”四个字她突然惊醒了，是啊，她的成功都在于和有经验的人进行交流，快速获得做这件事正确的方法，而她的失败都来源于自我打击，进入愧疚自责的自我否定模式，与外界隔绝，闭门造车。

这个时候，我提醒她，可以再度使用这个方法去帮助自己实现找到优质工作的目标。

Jane尝试了1个月的时间，强度就像她过去申请圣马丁大学时一样，每天都通过社群、公众号、小红书等多种渠道加自己目标岗位的人去交流，了解岗位信息，了解业内的企业。她快速找到了自己的职业定位，获得了4家企业的面试机会。

因为Jane之前没有对自己复盘过，所以她忽视了自己这个成功的关键动作。如果能够早一点知道，在每次低谷时都能应用好这个方法，那么她至少可以少走几年弯路。

找到自己过去成功的关键动作，不断重复它、优化它，你会发现它能帮你走出一切低谷。

2. 复盘自己失败的关键动作，不断规避失败。

Jane有两年的空窗期，在这两年的时间里，她都是独居，每天很晚睡，很晚起，多数时候为求职、赚钱焦虑，但是每天大把的时间其实都花在刷短视频等休闲娱乐上，无休止地忍受自己的精神内耗。

我让她回想每一次进入低谷前的关键动作，也就是找到自己失败的关键动作是什么。

她说，每次痛苦的开始就是发现别人对她不满，比如领导嫌弃她工作没做好，同事觉得她效率低。当他人对她产生不满的时候，她就会立刻愧疚自责，想要通过终止工作关系，切断对方给自己的压力。

我问她有没有想过和对方交流，去解决问题。

她思考了一下说没有，因为她的童年经历，她觉得她和任何人交流都是无效的。我很理解Jane悲惨的童年，和父母长期分居，没有得到过父母的爱、包容、理解。我也能理解她孤立无援向父母求助的时候，父母冷漠的样子让她养成了这种思维惯性，认为自己遇到问题和谁沟通都无济于事。

然而不会主动沟通并不是她失败的关键动作，因为即便不沟通她也可以把事情做好，即通过事情的结果扭转大家对她的印象。

她失败的关键动作是“习惯性的愧疚自责”，她所有的失败和陷入低谷的前兆都是这个动作。一旦产生了愧疚自责，她就不想做了，事情的结果就不会有好转，大家的固有印象也就一直都在。

整个过程就是：产生愧疚自责—痛苦不知所措—想通过终

结关系的方式切断所有压力—进一步自闭—加重愧疚自责。

只有摆脱这个失败的关键动作，惯性才可能被打破。我提醒她每一次进行这样失败的关键动作时，就要提醒自己：肯定自己的努力。

经过复盘，她决心规避这个失败的关键动作，每次有这种想法的时候，她都会记录下来，然后提醒自己肯定自己的努力：今天我做了很多，虽然可能还没获得成果，但是量变一定会引发质变，坚持下去一定会变好的。

持续3个月的时间不断强化对自己的肯定，提醒自己规避失败的关键动作，很快，Jane就拿到了心仪的工作邀请。

3. 早期每周复盘一次，掌握了个人行动数据后可以每个月复盘一次。

Jane总认为在我的求职转行陪跑营里，由我带着大家做复盘，她才取得了成功，而她自己不具备这种精准地发现问题、总结问题的能力。

她问："为什么一个人需要复盘好久的时间，才能明白当时的问题到底出在哪里？"

我提醒她，复盘本来就应该这样，你所追求的立刻发现问题当下就能解决的能力，叫作阅历。

有的人从小复盘能力就很好，养成了这样的习惯，可能在二十几岁就可以非常精准地发现问题，总结问题，指导行动。但是有的人没有这种复盘能力，那么二十几岁，哪怕三十几岁、四十几岁开始培养也是来得及的。只要复盘就会有所得，就会尽可能地规避错误行动，指导自己的正确行为。

如果想提升自己的复盘能力，我建议从养成复盘的习惯开始。不必每天复盘，早期培养习惯期间可以每周复盘一次，**主要复盘自己的成功动作、失败动作，做一件事的卡点，做一件事的进度。**然后每个月复盘一次上述指标，总结一些改进方案，调节自己的行为模式。最后，年尾可以复盘一整年的指标，写出下一年的改进方案。

坚持一段时间，比如3个月，你就会自然而然养成复盘的好习惯，更加了解自己的思维，了解自己的行动数据，了解自己的惯性，就能更加精准地找到自救的突破口。

我现在基本上每个月复盘一次，每年年尾整年复盘一次。当你越来越熟练的时候就可以省去每周复盘的麻烦了。如果每个月都复盘，一年就会迭代12次。做一件事迭代12次，我还没有发现什么事是做不成的。

把Jane的故事分享给大家，是希望所有和她一样，受限于过去的人生经历，受限于强大思维惯性的人都能靠复盘找到自己的突破口，人生没有什么是不能改变的。

你的父母没有给你一个很好的开始，不要紧，这不应该是你悲惨命运的开始，你依旧可以靠复盘找出这些阻碍，逐个击破，走上一条新路。

我记得我在18岁的时候看过一部纪录片，里面一句话非常有力量：**任何年纪，任何时候，你都可以去往你想去的地方，成为你想成为的人。**

本篇练习

1. 你过往成功的关键动作是什么？
2. 你过往失败的关键动作是什么？
3. 围绕“成功动作，失败动作，做这件事的卡点，做这件事的进度”这几个指标，你每周或者每月复盘的结果是什么？

5

沉淀你的2.0版本目标

通过本章的内容我们可以认识到，很多目标无法实现是因为它们本身是假的，是我们内心根本不想实现的。我们及早验证出这些目标是假的，及早不在假的目标和方法上浪费时间，才能腾出时间用在真实的事情上，走上正确的路。

当你有很多闪念的目标时，一定要记住，要想让一个目标成为我们真正的目标，一定要经历“初步方向感—验证目标为假”的过程，要反复验证那些假的闪念目标，放弃它们，才能沉淀出真实的目标。

验证一件事为假比验证一件事为真要容易很多，它需要经历本章提到的4个过程：验证目标—树立客观标准—测试行动—勇于复盘。

那么，你的更贴近真实的2.0版本目标是什么？可以按照如下的方式进行梳理。

1. 我的目标是什么？

2. 利用本章提到的方法验证之后，我的目标是否是假的？

3. 写下自己不在虚假目标上浪费精力的誓言。

三

实现目标第三步：
确定终极目标，一旦选择，不再选择

1

自己状态不对的时候，做什么都不对

人无法做和自己价值观不同的事，无法做身体本身抗拒的事。

——七芊

我和营养树的创始人刘博士讨论过关于如何正确调节个人状态的问题，她是医学博士，常年为很多三甲医院的医生们讲课。她讲的一个案例我记忆非常深刻。

她有一位学员是三甲医院的主任医师，营养学方面的专业人士，158cm的身高一度胖到了160斤。新冠疫情期间，医院接诊压力非常大，她又查出身体一处内出血，非常焦虑。想要减肥让自己更健康，她自身是营养学专业人士，饮食方面没有任何问题，为什么还是瘦不下来？她想了很多办法，比如跑步运动、节食辟谷、生酮减肥，但是都收效甚微。

刘博士认为调节身体是需要战略的，每个人的战略是不同的。

一个人在遇到问题的时候，很自然会病急乱投医，什么都尝试。别人减肥吃水煮菜，你也吃水煮菜，别人跑步，你也跑步，然后发现大部分情况下这些事都对你不起作用。当你没有认清自己的时候，这些尝试都变成了消耗，而消耗就会带来疲惫，疲惫就需要休息，休息不足会带来更大的亏空。

刘博士说，中医非常厉害的一点是能调整人的状态，也就是中医治人是通过调整人的习惯、行为模式，做少量而关键的事情，来达到调整状态的目的。自己状态对了，做的事情才有可能是对的。

寻找终极目标的过程，本质也是调节我们状态的过程。

如何才能调整好自己的状态呢？

1. 每日在阳光下冥想10分钟，倾听身体到底想要说些什么。

在医学中，晒太阳是有好处的，治疗轻微抑郁症的方法中就有每天早晨迎着太阳行走这一项，便于提升体内的血清素含量，提高人的整体精神状态。

在阳光下冥想，闭上双眼，倾听身体的声音。你需要集中注意力在自己的呼吸上，听一听身体想要说些什么，而不是脑子想要说些什么。

当你集中注意力在你的呼吸上，把自己的压力放空时，你会发现身体会自然地告诉你它想要什么。

当你想吃夜宵的时候，其实身体并不想吃，它想要的是在孤独中被理解、关怀和爱。

当你在巨大的压力中夜不能寐的时候，身体想要的并不是不睡、难过和痛苦，它想要的是更快入睡，而大脑却挟持它，不让它休息。

诸如此类，身体本身会告诉你它想要什么，但是我们长时间都选择忽视它的声音。

真实地去听一听身体本身的声音，听听它到底想要些什么，是我们改良状态的第一步。学会肯定自己身体的声音，按照身体的声音去做一些事，而不是按照自己大脑的想法去做。

刘博士举例说，这位营养学的主任医师使用晨间冥想方法后，发现自己的身体其实一直都很想休息。但是因为工作压力大，她觉得自己不能休息，她有新的工作人员要指导，还有病人等着自己，自己的学术论文也要写，这些都成了她大脑中沉重的负担，让她一次又一次忽视了身体的声音。最终，身体只能通过疾病、肥胖这些痛苦的结果来抗议。

其实，休息一下没什么大不了的，身体不是在逃避，只是想休息而已：它想睡觉，不是睡一整年，只是睡几天或者睡一会儿；它想出去玩，不是去一整年，只是去几个小时；它想做点让自己放松的事情，不是做一辈子，只是过个周末而已。

好状态需要的是放松的身体，一旦身体疲惫就只有休息一条路可以走。

想要有好状态必须让身体休息好。国内外很多领域的精英人士，在处理压力问题的时候都有一个关键动作，那就是先睡觉。他们普遍认为只有休息好了，才能有更充沛的体力和脑力去解决问题。

2. 寻求心理咨询，向对的人倾诉，让情绪流动，心理疏通。

很多人将压力郁结在自己的身上，无法疏通，久而久之身体会得病。

刘博士说，想让自己从压力中摆脱出来，想让自己真正地解决问题，核心是要把压力发泄出去。发泄压力最好的方式并不是运动，毕竟有些人的体质不适合运动。发泄压力最好的方式是沟通，让情绪流动起来。

鉴于压力型的沟通比较负面，并不是所有人都可以承受，所以如果你一直和朋友抱怨，朋友也会因此反感，这个时候最好寻求专业的心理咨询。

大家日常可以接触到很多专业的心理咨询机构，要首选专业的心理医生，以及正规医院的心理科室。

要向对的人进行咨询，避免自己的负能量波及朋友、家人等亲近的人，为他们带来不好的影响。让自己的情绪得以流动，是我们缓解压力至关重要的一环。

通过他人的启发，让自己的情绪流动起来，找到关键症结，你会发现自己的状态已经好了很多。

刘博士说，这位营养学主任医师在经历专业的心理咨询后，找到了自己一直以来的压力所在，并通过专业的心理干预，找到了新的思考模式和行为模式，问题最终得以解决。

3. 为自己补给营养，找到助力，提升能量。

刘博士说，一个人在调整自己状态的时候会首先想到不吃什么，不做什么，改掉自己的恶习，但实际上这些加大了身体的亏空。

调整状态的终极奥义是思考要给自己补给点什么。

要想想吃什么更健康，更能让自己开心，更能让身体舒服，以及怎么吃更高效。调整状态总是离不开一个好的饮食方案。

戒掉点外卖，认真地给自己做一顿身体想吃的饭。通常每顿饭要有一些基本的碳水、蛋白质、维生素、膳食纤维等。

不用费力地去计算卡路里，可以计算自己应该吃多少，水煮还是清蒸。做你喜欢吃的，听听身体的声音，吃一些有营养、高质量的食物。

坚持3天，是的，只要3天，你就会发现当你再吃那些不健康的外卖的时候，身体自然会痛苦难受，主动让你不想吃那些低质量的东西。身体和人一样，一旦体验过高质量，就不愿意回到低质量的路上了。

网络上流行的“16+8”饮食法也是非常好用的，你可以吃一切你想吃的，只要控制在8小时内吃完就可以。

饮食的改善是调节状态最关键的一环，因为它能补充你身体的亏空。改善饮食之后，你还需要和饮食一样重要的其他补给，比如助力、能量。

当你陷入一件事的痛苦中，希望去求助又不好意思暴露自己的短板的时候，你需要做的并不是自己默默拯救世界，而是要去做选择，选择由谁来帮助你，选择谁能和你一起解决问题，也就是选择你的助力。

同样，当你能量低的时候，你需要接触那些高能量的人，融入高能量的圈子，听那些高能量的信息，让自己改变思维。思维改变后，你的能量才能高涨起来。

刘博士说，这位营养学主任医师调整了上述3个关键点后，也没有进行太多运动，每天最多练20分钟太极，3个月内就瘦了38斤。

西医治病，中医治人，关键时刻先把自己的状态治好。当你调整好自己的状态的时候，你做的事情才是对的，你才能找到自己的终极目标并且绝不放弃地去实现它。状态不对的时候，做什么都不对。

本篇练习

1. 10分满分，你给自己的状态打几分？
2. 在阳光下冥想，你的身体说了什么？
3. 你准备如何调整自己的状态？

2

获得一手信息，打造高质量信息圈

你只能靠一手信息成功，绝无可能靠18手信息成功。

——七芊

任何领域的成功都靠巨大的信息差，如果不敢去了解一手信息，永远在咀嚼流到平凡大众中的免费信息，终会一事无成。

做事成功的关键是一定要融入和这件事有关的核心信息圈。只有在这个信息圈里，你才能真正确定这个目标是否值得完成，以及找到最高效帮助你实现目标的人。

我的一位朋友Leo本科就读于北京邮电大学世纪学院，研究生毕业于哥伦比亚大学，毕业后在华尔街工作。他从华尔街拿到创业资金后回国创业，3年时间，他的公司就被上市企业收购了。然后，他顺利进入大集团做高级副总裁，当时他的年龄只有28岁。

如果在国内从正常小职员开始升职，怕是到48岁都很难到他这个位置，他直接节省了20年的时间。

他聪明的地方在于很早就知道位置决定脑袋，信息质量决定人生的发展速度。

他在投资机构工作的时候，会花钱加入私董会获取高质量信息，通常在“门票”越贵的私董会得到的信息越核心。有时候得到一个关键信息，就有几百倍、几千倍的回报。越优秀的人越不会认为花钱买信息是被割韭菜，因为他们骨子里就有这种“高质量信息会加速人生进程”的认知。

他说：“你在什么位置上你就得到什么位置的信息，总裁的位置有总裁的信息，总监的位置有总监的信息，大家位置不同，信息质量不同，发展结果也不同。机会永远流向不缺机会的人，金钱永远流向不缺金钱的人，苦难永远流向能吃苦的人。”

优秀的人总是向优秀的信息圈子聚拢，有意识地打造自己的优秀，有意识地和强者做朋友，进入高质量的信息圈，帮助自己高效率完成目标，加速人生的进程。

普通人总是抱着“受害者”心理，认为别人都是骗子，抱着看好戏的心态拒绝接受新鲜思想和事物。真正面对强者的时候，他们又总是关注着自己“不配”的问题，沉浸在自卑里，不敢和强者做朋友，不敢融入高质量的信息圈，认为亲近强者就是趋炎附势，摇尾讨好。

于是，两极分化越来越严重，强者拥有绝对优质的信息圈，越发强大，而弱者逐渐自闭，越来越弱。

“获取高质量信息，提升人生效率”是一种非常重要的思维，不要等老了才去吃龙虾鲍鱼，不要觉得按部就班才能上位，不要在无用的内耗上消耗自己，人和人的差距就是思维的差距，思维差距的源头就是得到的信息质量不同。当你想方设法拥有更高质量的信息，意识到这样做的必要性的时候，你的人生已经发生翻天覆地的改变了。

如何才能打造高质量的信息圈？

1. 你必须习惯和你所在环境里最优秀的人成为朋友。

我的一位好友Andy，是多家公司的股东。清华大学计算机系毕业后，在一众科技宅同学里，他脱颖而出。他没有选择传统的就业路径，进大型互联网公司成为程序员，然后一直工作，买房还贷。相反，他在学生时代就展示了突出的社交能力，通过在学校为企业办展会就赚到了自己的第一桶金。

毕业之后，他选择加入当时很小众的私募股权基金公司，负责投后管理相关业务，接触了很多创始人。他通过不断促进商业合作的形式，入股到独角兽企业。5年的时间，他个人入股了三家独角兽公司，其中一家在第6年的时候成功上市，他也直接进入了准财富自由的名单里。

Andy在读书时期和工作时期都是大部分保守派不喜欢的类型。他在还是小人物的时候就敢于向上社交，敢于和强者做朋友，获取强者带来的高质量信息。这种宝贵的品质，却被他的室友曲解为阿谀奉承、不务正业。在他赚到第一桶金，在他成功获得财富自由后，这些人仍然在企业里打工。

“我毕业时也曾经去过一些大型互联网公司面试，我当时觉得那里的人只知道低头做事，成为一个高级螺丝钉，这并不是我想要的。我需要的是靠近更优秀的人，只有和更优秀的人在一起才能加速创造出我想要的事业版图。”Andy说。

和优秀的人做朋友可以提高整体的人生效率，和1个优秀的人做朋友，胜过和100个内耗的普通人做朋友。因为这100个人给你提供的信息质量不及1个优秀的人贡献出的觉知。

这个道理普及下来就是：要做你力所能及的范围内最优质的选择。比如，考大学要考取力所能及最好的院校，找朋友要找力所能及范围内最优秀的朋友，找工作要找力所能及范围内最好的公司，找合作伙伴要找力所能及范围内最优秀的合作伙伴。

大部分人做不到Andy这一点的原因是他们总在寻求“为什么强者要理我”的问题答案，他们会自卑，认为必须自己非常优秀，有充分的条件才可以和强者做朋友。Andy也解释了这种弱者思维的问题，他说：“强者关注想不想，而弱者关注配不配。”

在强者思维的人眼里，和最优秀的人成为伙伴是因为要完成的目标。只有这样的人可以提供最有效的助力，所以，强者丝毫不会关注自己配不配的问题，强者认为每个人都有自己的价值，当自己勇于社交的时候，对方也会看到自己的价值。

勇于沟通，勇于社交，主动问出第一句，主动融入自己想要融入的高质量社交圈。这么做之后，你会发现优秀的朋友越来越多，慢慢地这些人的思想会改变你狭隘的认知，让你拥有与之一样优秀的思维，让你做事更得心应手。

2. 你必须从已经有成功经验的人那里，得到关于目标最关键的信息。

想要高效地在自己的目标上取得成功，核心是向已经有成功经验的人学习，学到关键的制胜秘籍。

想要得到关键的制胜秘籍，必须找到成功做过这件事的人。现在自媒体和在线教育非常发达，你完全可以通过检索问题找到已经有成功经验的人，通过价值交换或者付费方式让对方协助你解决你的问题。当然，如果你有好的学校，好的公司，这些都是很不错的信任杠杆，可以让你优秀的同事和同学为你介绍更为优秀的人。优秀的人自有高质量的信息圈，可以事半功倍地解决你的问题。

我的很多学员都通过在微博、小红书、抖音、微信视频号上检索到我成为我的学员，通过我的方法成功求职转行。这就是找到了关键的人。庆幸中国的互联网时代让互助这件事有了更大的可能性。

我和拉勾招聘的创始合伙人马德龙一起交流的时候，他的一个观点我很赞同，他说："一个人只有说真话的时候，才能得到真实的反馈。而在一个人进步的过程中，很多人出于自我保护，不敢说真话，那么他得到的反馈也多数是假的。"

想要得到关键的制胜秘籍，必须说真话，对自己说真话，对别人说真话，而不是害怕他人的否定而有所隐瞒和保留。你只有做到了这点，才能得到真实的反馈。

寻求有成功经验的人，向他们坦白自己真实的情况，接下来就是获取适合自己的正确方法了。每个人的方法是不一样的，我们想要找到适合自己的方法，必须多见多听有成功经验的人的建议，他们反复提及的那件事的做法就是最重要的方法。我通常建议我的学员至少在一个问题上听20～30个有成功经验的人的观点，从中筛选出最适合自己、可以执行的1～3个方法，快速尝试。

正确的方法多数来源于"28法则"：付出100%的努力，筛选出20%真正有效果的方法，最终不断复制这个方法并赶上红利期，才能取得成功。这份成功让你快速获得下一场游戏的入场券，拿到别人不可能拿到的一手信息，这样你在下一场游戏中又有了更大的胜算。这就是富者愈富的底层逻辑。

提升人生的效率，就是在和身体的衰老赛跑，能在年轻的时候做出成就就不要等到老了的时候。当你不断升级自己，你的眼界、物质条件、人际关系都会获得极大的提升。你几乎不会遇到难缠的人，不会因为一点鸡毛蒜皮的小事而消耗自己的心情和体力。

人生最大的幸福是什么？其实不是有钱，而是一个人的人生有效率，可以实现自我的升级，并且升级速度越快，幸福感就越强。财富不过是这个过程中的附属产品而已。

3. 你必须不断切换圈子，不断升级圈子。

我觉得对一个人成长最好的建议就是不断切换自己的圈子，不断升级自己的圈子。梅花创投的创始人吴世春老师也讲过，一个人进步的速度主要看他切换圈子和升级圈子的速度。

换圈子其实是个特别痛苦的过程，但是不经历这样的痛苦，就无法切换自己的思维，到达更高的位置。

我自己曾经换过4次圈子。

第1次换圈子：从互联网作家出版商的圈子到互联网公关媒体圈子。

第2次换圈子：从互联网公关媒体圈子到金融投资人圈子。

第3次换圈子：从金融投资人圈子到创始人企业家圈子。

这3次圈子的转换，帮助我最大限度地提升了整体认知，让我高效率实现目标，最终找到了适合自己的信息圈。

我工作的前4年都是在大型互联网公司中，我认识了很多知名的作家以及出版社的主编、社长和图书营销媒体人。当时环境的主体就是推崇可以影视化的图书作品，所以，我先后跳槽到了以长视频为主的影视化互联网公司搜狐视频和爱奇艺，主要从事娱乐营销工作，因此圈子变成了互联网公关媒体圈子。

这是我第1次换圈子，视野瞬间开阔。比起严肃认真的出版圈，影视圈子里的人头脑更为灵活，商业化金额更大，大家也更愿意去谈及金钱、收益和回报，让我从一个文青的状态快速调整到具备商业化思维的状态，也是因为商业思维的觉醒，才有了后面第1本书爆火的场面。

工作第3年的时候，我通过第1本求职书火了，书籍销量和课程销量一度都是排行榜第1名，我离开大型互联网公司开始自主创业。当时创业环境的风气是创业都要融资，因此，我的圈子逐步切换到了金融投资人圈子。

这是我第2次切换圈子，通过社会成绩带来了影响力。每个圈子都接纳做出成绩的人，只有你在所在领域有真实的影响力，你才能破圈吸引另外一个圈子里优秀的人。我有限的商业知识都是从这个时候开始启蒙的。这些顶尖大学毕业的顶尖投手，每个人给你讲一句怎么做这件事，听得多了，你就会找到一些关于金融投资的门路。这为我后面创业拿到2000万元融资打下了坚实的基础。

经历这次圈子的转换，我开始意识到：所有阶段性的成功，都源于圈子换了、思维转变了。

在我创业到第6年的时候，我周围的圈子又变了，变成了和我一样有着长期主义的创业者圈子。中国企业的平均存活时间是2.5年，我的企业撑过了这个时间还在不断向上发展，不断扩张。这个时候，我开始和很多有耐力的创始人一起交流。大家都抱着互相帮助的心态，一起合作，一起交流，一起解决创业路上的难题。

这是我第3次切换圈子，我通过认真做公司业务，进入了创始人企业家圈子。我发现这个圈子是非常适合我的圈子，这个圈子里的人没有之前打工时大家互相嫉妒的小心思，没有那种源于岗位发展带来的认知局限，更没有投资人圈子那种精英高傲感，大家很务实地做业务，互帮互助，努力做到互利共赢。

三次换圈子，让我的信息层次也升级了很多。但每次换圈子刚开始切换的时候，都非常痛苦，因为你需要推翻你之前的所有认知。每当我处在自己“丝毫不擅长”的新环境的时候，我都会找一位价值观和我高度相似，在这个领域有成功经验的朋友，帮我快速增长正确的认知，然后快速学习，取得成绩。

我个人一直觉得，人永远是发展路上最重要的因素，因为优秀的人会带来高质量的信息、强者的思维模式和强大的助力。

所谓机会就是给你机会的人，所以，关注人，关注高质量的人，关注优秀的人，习惯和他们成为朋友，习惯从他们身上学习，习惯和力所能及范围内最优秀的人合作，不断升级这种优秀的标准的过程，就是一个人不断提升人生效率的过程。

本篇练习

1. 你是否敢于和最优秀的人成为朋友？

2. 你是否敢于从最核心的人那里得到成功的关键方法？

3. 你是否勤于换圈子，切换到优质的信息圈中？

4. 如果你敢，写下你下一步提升信息质量的计划。

5. 如果你不敢，写下你的心理卡点，尝试突破它。

3

找到使命，才有超级愿力

只有你找到自己的使命，才能拥有强大的愿力。

——七芊

我和混沌大学的王牌讲师、清华大学毕业的朱丹老师一起直播的时候，她刚好创立了一个帮助大家找到自己使命的组织——意义研究所。我们聊到了关于使命的问题，她认为，当人们无法找到自我和使命结合的人生意义的时候，做任何事都难以为继，很难成功。只有找到了自我和使命相结合的方向，才能真正持续不断地高质量做好一件事，让自己不断从这件事上获得能量和成长。

我非常认可这个观点，当你笃定做一件事和你不笃定做一件事的时候，能量和结果是完全不一样的。笃定本身就表明你找到了做这件事的使命。

什么是使命，就是你可以帮助什么样的人解决什么样的问题。当你找到了这样的使命，你才能有强大的愿力，推动自己不断勇攀高峰取得成功。

我是那种在很早的时候就找到了自己使命的人，我的使命就是要成为中国最顶尖的作家，帮助更多人找到满意的工作，让中国人拥有终生的职业选择权。所以，我可以制定自己人生的3年、5年和7年目标，绝不偏移，使命必达。

朱丹老师也是和我一样信念非常强的人，我们两个人找寻使命的过程却截然不同。她是通过漫长人生的经历逐步找到了适合自己的使命，在她看来我是在年纪轻轻的时候就找到了笃定的使命和方向，并且一直坚持行动。

于是我们总结了各自找寻使命的关键方法，在此分享给大家。

1. 穷举法是我们公认的找到使命最好用的方法。

我从10岁开始写作，到25岁第1本书出版上市，其中我尝试过很多文体，很多种风格，从写诗、写散文、写小说到写职场文章，我最终找到了最适合自己的写作文体：职场文章。同时我也经历了从纸媒、互联网媒体到自媒体，从文字、视频到直播等多元化的媒介形式，最终才发现写文章和做直播讲课是最适合自己的。

我在22岁的时候面试了百家企业，见到了很多种企业模式，了解了很多企业的真相，排除了虚假的目标。到最后我坚定不移地确定了自己的职业方向，就是去互联网读书平台类的公司从事和宣传相关的工作。

我就是在这些经历中，通过大量的负反馈，少数的正反馈，逐步找到了自己的使命：成为顶尖的作家，帮助更多读者成功找到适合自己的工作。

大规模地去尝试，了解真相，排除错误选项，选择正确的方向，是我确定目标的核心方法。

朱丹老师也十分认可穷举法，她毫不避讳地讲自己在36岁的时候从企业离职。她之前是北大EMBA的导师，再之前是清华MBA的导师，她在找自己方向的时候用的方法是意动则行动。意思就是心里想做什么，立刻去做。

比如她想出去旅行，就立刻去旅行，想做公益就立刻去做公益。尝试让她知道什么可以做，什么不可以做。只有大胆去尝试，才能够真正意义上了解真相，才能够真正意义上锁定目标。在这个过程中，她找到的使命就是帮助更多优秀的人找到自己真正的使命，找到做一件事强大的推动力。

为什么那么多人不敢应用穷举法，因为他们的思维还停留在“害怕努力没有结果”的层面，觉得尝试了，没成功很丢脸。

真正有意义的不是尝试的结果，而是这个过程，是过程中遇到的困难让你知道什么是行不通的，什么是让你痛苦的，同样你也会发现什么是可以带来有价值的正向反馈的。这些是加速找到自己的使命和实现使命的方法。

找到使命并不是一个结果，而是一个开始。一旦开始，就会很快。不要卡在一个瓶颈上不敢开始，要说服自己赶紧开始，这是大部分人需要解决的问题。

2. 接纳自己现在真实的想法，是我们公认的找到使命次好用的方法。

很多人都很想躺平，但是又害怕如果躺平了生活质量会越来越差，于是在一个自我纠结状态中浪费了很多年的时间。

我和朱丹老师都认为，接纳自己现有的条件，接纳你真实的想法，是找到使命最快速的方法。

我在2018年刚创业的时候，一直犹豫不决，非常痛苦。我当时没有找到创业的价值和意义，在未知的恐惧面前，我状态很差，非常想躺平。

那时候，我一直纠结是不是要躺平，但是客观现实逼迫我不能躺平，那种撕裂感非常痛苦。

我当时的处理方式是找到“不得不”的力量，不得不这样做的理由，我在这个非常痛苦的阶段也依然取得了很多成绩。我人生中第1个800万元的流水就是在那个阶段完成的。但是这种寻找“不得不”的感受并不好，我一直都在疲惫中创业，直到2019年的时候，我全线崩塌。

身体崩塌，心力崩塌。2020年初的时候我去了一趟日本，见了很多我过去的同学，在他们身上学到的就是满足感。他们对于生活非常满足，觉得升职加薪对他们而言是太遥远的事情，做好眼下的事就是人生的幸福所在。这次经历对我触动很大，整个2020年，我就在做一件事：躺平，放肆休息，做感兴趣的事情。

我开始意识到，当你想要躺平的时候，不要觉得躺平是不应该的，你应该给自己时间去躺平。这个过程中你除了学习什么都不要做。不停地学习，不停地从身边的人身上获得启发，直到你发自内心认为一件事重要，是你必须主动去做的，你才能真正进入正面循环的状态去做这件事。

依据“28法则”，人们实现目标最核心有效的努力只占20%，而80%都是在攻克心理障碍。

朱丹老师说，躺平有躺平的意义，做一件你讨厌却能糊口的事情也有做这件事的意义，所以不必拘泥于躺平是否在浪费时间，你要知道这也是寻求方向的一个过程。

接纳你真心想要做的事情，如果想要休息就彻底去休息，想要赚钱就去赚钱，尊重自己的意愿，接纳自己现有的条件，才是实现使命最快速的方法。

3. 经历你最想帮助的群体、最想做的那件事对你的打击，才能最终确认你的使命。

寻求使命会经历：你想做—你接纳了自己现有的条件，用现有的条件所支持的方法去做。但是仅仅这两个环节还是不够，你必须经历一次劫难才能真正确认这件事是不是你的使命，也就是你必须被你想要帮助的群体狠狠伤害一次。如果经历了这个过程，你依然想做，那这件事百分之百是你的使命。

我想成为作家的初心，就是希望能够通过自己的文章，帮助更多读者找到人生的方向和满意的工作。我的关于如何正确求职定位的课程，也是为了让那些有能力、有天赋的人放开这个世界的很多束缚，大胆从事自己热爱的职业。

但是不曾想这样善意的初衷会被一些黑粉扭曲为想要割韭菜，对我进行造谣和抹黑。我当时非常委屈，初衷这么好，这么棒的能够解决问题的方法，怎么就在这群负能量的人眼里看来如此不堪？

好在非常多正面积极的学员给了我正能量的反馈。他们认为我的文章和课程对他们都有极大的帮助，让他们从人生非常低迷的状态走出来，成了能量更强的人。

是这些正面的信息让我仍然坚持去做，去和最顶尖的合作伙伴合作。5年的时间里，我发现那些黑粉越来越少了，我的学员也逐步升级成我非常喜欢的人群画像了。

我从最初被误解、被扭曲，逐步升级到对他人的攻击习以为常，直到找到适合自己的受众人群。被想要帮助的人背刺这个过程，让我加速找到了自己的使命。

我曾经和朱丹老师探讨：你围绕使命在做的事情，不会打动所有人，这期间还会引发很多负面的内容和反馈。这种时候，普通人该如何从负面反馈中，调整自我继续去实现自己的使命呢？

朱丹老师说，佛陀传道曾经说过一个类似的道理，一个人不管做什么，好还是不好，都有20%的人会讨厌你。一个人不管做得多差，仍然有20%的人喜欢你。大部分人在做一件事的时候，一定不会得到所有人的认同与喜欢，但是喜欢你的人无论如何都喜欢你，不喜欢你的人无论如何都不喜欢你。人们能做的就是让喜欢你的人更喜欢你，让模棱两可的人也喜欢你，仅此一件事而已。

对于这点，我高度认可，无论你做什么，都不可能让所有人满意。当你意识到这个道理的时候，你仍然愿意去帮助那些你想要帮助的人，你才真正意义上找到了自己的使命。

我和朱丹老师都是那种在漫长的成长过程中，有意识去寻求自己的使命、找到坚守的信念的人。我们都深刻意识到，只有强有力的使命才能推动我们不断向目标方向前进，才能不断切换新的形式去实现自己的目标。也只有这样的使命，才会爆发出强大的愿力，让我们无视任何困难，充分笃定地行进在我们想要行进的路上。

本篇练习

1. 你发自内心最想做的事情是什么？
2. 你现在能做的事情是什么？
3. 你觉得你的潜在使命是什么？

4

一旦选择，不再选择

真正的目标是不会发生改变的，你也不会因为有困难就退缩。

——七芊

做复杂和不喜欢的事，往往都不会长久，所以想在任何一个领域做出突出成绩，要么就把事情做简单，要么就想方设法找到做这件事的乐趣。别无他法，不要相信意志力和自律，它们两个本质上是不重要的东西。如果一个目标靠意志力和自律才能实现，那么这个目标基本上就是假的。只要目标是真的，你就会自发做所有的事情。

寻找真实的目标会花非常多的时间，需要几年甚至更多年，但是经过反复证伪并沉淀下来的才是真的目标。这个时候你才能做到一旦选择就不再选择，一旦确定了目标就把时间全部投入到实现这个目标上，那么几年后你就会实现这个目标，人生也会获得质的飞跃。

普通大众认知中实现目标的思维是：短时间快速确定目标—花大量的时间实现目标—不断靠意志力和自律挑战艰巨的任务。

而真正实现目标的反常识思维是：**花大量的时间证伪并沉淀目标—用相对较短的时间来实现目标—在实现目标的过程中把这件事做简单做有趣，靠的是主观推动力而不是意志力和自律。**

写到这里，我希望所有的读者都能明白，要想拥有真正的目标感，你需要养成寻找目标的习惯，长期观察、证伪，目标才能最终沉淀下来。

如果你的目标来回更改，经常因为一些小困难就发生改变，那么我可以很确定地告诉你，这并不是你真实的目标，你仍然在第一章和第二章所说的两个阶段不断徘徊。这个时候，你不要偏执坚持，而要继续证伪，大胆放弃那些不正确的选项，勇于做减法，反复几次，最终才会进入我们所说的拥有终极目标的状态。

终极目标是带有使命、不会改变的，是你无论遇到怎样的困难挫折，都具备超级愿力，愿意为之付出一切，一定要实现的。

什么样的目标是真正的目标呢？

它必须具备如下特征：

1. 它必须是非实现不可的目标。

2. 它有具体而清晰的执行步骤。

3. 它能激发你内心深处强大的欲望。

我们如何才能最终沉淀下来这样真正的目标呢？

核心就是做一件事：**找到做这件事不变的内核是什么。**

我的学员晓琪，用一年的时间，经历四次思维迭代，让自己找到了终极目标，找到了发展中不变的内核。

第一次思维迭代：“我想成为身价上亿的大老板，我该怎么做？”

在和晓琪交流的过程中，他反复强调自己的意愿：自己是典型的广东人，喜欢挣钱，不喜欢打工，目标就是实现财务自由。他反复对我说：“我很清楚地知道我要什么，但是我不知道如何去做。”

我问他：“你要赚多少钱？”

他一时语塞，随便给了一个目标：“大概几千万元。”

我问他：“你赚这些钱要做什么？”

他回答：“我未来要成立一个基金，帮助更多人。”

我继续问：“抛开远大理想，你眼下想赚钱做什么？”

他回答：“我想买房子结婚，深圳的房子都很贵。”

我问他：“买房子需要多少钱？”

他回答：“不知道，但是好的房子应该要几千万元吧。”

在和晓琪的第一次接触中，我发现，他有非常远大的理想，但是这些理想是毫无根据甚至是完全无法落地执行的。

有这些理想目标无外乎是因为看到周围有这样的人过上了这样的生活，他出于羡慕或者嫉妒，确定了自己1.0版本的目标。

我提醒他，他其实并不是真的想要赚钱、想要买房、想要结婚，他想要的无外乎是拥有老板的光环。如果一个人的目标建立在别人怎么看他、怎么让他有优越感、自己怎么高兴上，那么这个目标就如同海市蜃楼，是没有内核的，而没有内核的目标一定会在过程中崩塌。

晓琪并没有理解我说的意思，他还是顽固地和女友一起创业做起了直播带货的生意。如他最初所想，他终于过上了前呼后拥的老板生活，但是很快，公司因为业务发展不顺利、现金流断裂倒闭了，他也因此负债累累。

他找到我说："七芊老师，我现在才明白你当时说的没有内核的目标一定会失败的含义。"

事教人一次就会，我们要做的第一件事是祛魅，只有摔过一次跟头，才能明白：任何建立在外人评价、自我感受、寻求

优越上的目标都是经不起推敲、一定不会实现的。

于是我给了他第一个方向：选择一家发展中的中小型公司，从事理想中的市场类的新职业，争取在公司内部创业。

这个建议十分符合他的想法，缺乏原始启动资金和团队的他，既没有消费品的工作经验也没有资源，能够进入优秀的高速发展的公司，就职核心岗位，并且通过公司的势能在公司内部创业，比较适合他这类有创业需求的职场人。

我告诉他，在很多高速发展的企业中，打工是可以实现财务自由的，不仅在于高薪也在于期权和股票。在大企业里带领一个20人的部门和自己承担成本创办一个20人的小公司相比，前者比后者更轻松且更容易成功。不要贪图创始人或者CEO的身份，任何时候做选择，都要选择里子，不要选择面子。

晓琪开始进入新的目标瓶颈。“我就是想要内部创业，我面试的时候也直接提出这样的诉求，但是基本上没有收到过非常好的反馈。”他非常沮丧地说。

晓琪开始意识到，他过往的成绩和信任值不足以撬动陌生企业为他提供内部创业的机会。他需要入职之后好好表现，取得成绩，慢慢争取。但是“慢”是他最见不得的东西，他急躁地想要快速解决这个问题。

于是第二阶段的问题爆发了……

第二次思维迭代：“如果可以内部创业，我愿意要很低的薪水，如果不能，我必须要高薪。”

晓琪在第二阶段迎来了他的第一个百分百满意的面试机会，然而因为他没有相关工作经验，企业并不愿意支付给他理想的薪资。

于是，他动摇了，觉得自己可以做些让步。他提出了和刚毕业的大学生一样的薪酬水平，只为争取进入目标公司的名额。

我告诉他不要做这种蠢事，成年人需要先生存再做事业。如果他对进入企业的薪资不满意，未来还没等到做出成绩，就已经生存不下去了，这样反而会浪费更多的时间。

我问晓琪：“你理想的薪资到底是多少？”

晓琪回答：“每个月1.5万元。”

我继续问他：“这是你的最低标准还是最高的？”

他支支吾吾地说："最低标准。"

我继续问他："你理想的最高薪资是多少？"

他开始迷茫了，我发现了他的新问题，就是他对于钱根本没有概念。他不知道他该要多少薪水，也不知道目标行业赛道里的企业可以给他多少薪水。

他胡乱地说："要100万元年薪。"

我继续问他："是12个月吗？是税前吗？"

他含糊地说："是。"

我告诉他："那就是大概每个月10万元的薪水，你觉得在打工圈，这类岗位会对你这样一个没有成绩、没有工作经验的人开放吗？"

他不语。

我提醒晓琪说："你的目标设置的第二个漏洞就是过于功利化，如果你的眼里只有你的利益，从来不考虑客观市场环境、别人的利益和企业的利益，那么这个目标一定不会实现。"

果不其然，晓琪在职场上根本找不到这样的机会。每当他向老板提出要内部创业的时候，老板都对他这种功利心敬而远之。

寻找目标不变内核的第二步：找到目标的共赢之处，而非执着于自己的利益。只看到自己利益的目标是注定不会实现的。

晓琪调整了自己的功利心，只找那些有内部孵化新项目需求的公司，对于一些没有办法给他提供这类岗位的公司也不勉强。心态平和后，他得到了很多面试机会，开始认识到以现在的身份和成绩，他无法争取到理想的薪资，于是他开始接受实际的市场薪资水平。

然而问题并没有结束……

第三次思维迭代：“实现目标需要的时间太长了，我觉得我不行，我想去做其他的事。”

在接受了市场实际薪资水平之后，晓琪开始惆怅，大部分好的企业拒绝他的核心理由是他并没有相关的工作经验。

于是他希望报课快速让自己拥有工作技能，并且试图放弃求职，希望等技能补充完毕再去求职。

我当时反对这种做法，告诉他，不管如何学习，都不可以放弃求职，或降低求职频率。

只有持续触达目标企业，才能看到更多企业的人才需求，才有更多入职的可能性。

如果他放弃了求职这件事，选择先去学习，那么学完了也错过了最佳的求职时间，而且企业是否认可他的补充学习成绩也尚未可知。

在这个过程中他只需要做两件事：保证每天2～3小时的求职投入时间，其他时间可以去上课，或者做兼职提升自己的职业技能。不要因为外界有负面反馈就更换自己的目标，不要去做那些虽然能让自己心安但是无效的事情。

寻找目标不变内核的第三步：找到自己人生的终极目标后，最不能做的一件事是随便放弃，去做其他的事情，要做的就是和这件事死磕。

于是，晓琪开始调整自己的时间安排，最终迎来了他的第四次思维迭代。

第四次思维迭代："我眼下能做的是什么？我找到了做这

件事的本质。”

晓琪在直播连麦的时候，向其他学员讲述自己的变化，由一个梦想在天际的人，逐步把远大的目标切割成真正可以落地执行的行动。

不管是真正创业，还是公司内部创业，或者寻求其他工作机会，本质上晓琪都是在做一件事，那就是找到属于自己的商业模式，这是他的目标中不变的内核。

当经历了这几个阶段并意识到这件事的时候，晓琪开始明白，一个人找到了做这件事不变的内核后，接下来就是让自己找到自己能做的事。

他最终发现自己能做的就是：

转型进入自己的目标公司，从事自己理想的市场投放类工作。

这是这个阶段最小的执行目标，而不是成为企业家，赚百万年薪，或内部创业。他说自己在训练营学到的思维方式不仅可以应用在求职领域，还可以应用在人生很多方面。

什么是务实？

答案是：把远大的目标拆分成眼下可执行的最小行动单位。任何宏伟的目标都建立在最小行动单位的基础上。最小行动单位指的是你不靠任何外力加持也可以做出成绩的事。创业就是把一款产品的SKU做到极致，求职就是把远大的成就目标落实到眼下可以做的最小行动单位。

晓琪有非常远大的人生理想，他想成为消费品赛道企业的老板，要有千亿身价。他周围有这样成功的人，所以觉得自己也可以做到。这个远大的理想却成为拖累他的关键，他不可能一步到位成为这样的人，他沉迷于这样远大的目标而无法做眼下踏实有用可执行的最小行动单位的事情。他希望自己一下有几千万元，实际上却不知道最简单的10万元要如何赚到。

务实就是把幻想逐步调整为眼下可以做的事情。比如，先做职业定位，确定自己行业领域内此类公司的赛道，再做互动沟通，通过面试判断自己在缺乏经验的情况下市场标价到底是多少，以及明确自己可以有多少种努力方式。

最终晓琪制定的可执行的最小行动单位的方案是：在无须外力帮助的情况下，让自己进入新消费美妆护肤赛道，入职产品生产类公司，做市场投放类工作，月薪在1.5万元至2万元之间。

这个调整过程就是务实，看上去一个千万身家的老板和一个月薪在1.5万元至2万元的市场投放人员好像差距很大，但实际上，成为前者只是一个遥遥无期的梦想，而成为后者并在此基础上不断精进、迭代，实现资源积累，薪资稳定增长，三到五年后向上转型或内部创业，才是更务实的可实现目标。人无法进入眼界抵达不到的地方。

寻找目标不变内核的最后一步就是把幻想落实到眼下可以执行的小目标上。

我们为什么要寻找自己的目标，为什么要寻找人生的终极目标，其实就是为了找到这个不变的内核，因为它是在任何风口、舆论、干扰之下都不动摇的根本所在。只有找到了这个内核才能真正意义上做到笃定，做到不受干扰。

本章练习

1. 你的目标里不变的内核是什么？

2. 你的终极目标是什么？

5

沉淀你的3.0版本目标

通过本章的内容，你可以发现一个真实目标的沉淀需要你调整好自己的状态，找到优质的信息圈，找到自己的使命，最终沉淀出拥有不变内核的目标。

当个人状态不佳的时候，你很难拥有合适的终极目标，所以调整状态是我们拥有终极目标的大前提。优质的信息圈会让我们更快地找到目标，以及找到和目标相关的人和关键步骤，加速我们找到使命的进程。只有找到使命才能爆发充分的愿力，在愿力的基础上，我们才能稳定内核，最终沉淀出拥有不变内核的目标。

那么，你的更贴近真实的3.0版本目标是什么？可以按照如下的方式进行梳理。

1. 我的终极目标是什么？

2. 它的具体评价标准是什么？

3. 我的执行步骤是什么？

四

实现目标第四步：培养强者思维，思维引导行动

1

保护好自身的能量，成为一个高能量者

想要在任何领域成功都需要有强大的心力，而实现心力强大要做的第一件事就是不被任何人消耗。

——七芊

我经常听读者讲，他们眼里的我是一个高能量者，他们总会问我为什么能有如此高的能量。我当时并不知道什么叫高能量，后来我的学员告诉我，高能量就是永远精力旺盛，激情满满，特别有干劲。他们说的这些，我周围的总裁朋友多数也有，大家并没有觉得有什么特别的。

在好奇心驱使下，我让公司的助教给我推荐一位她觉得能量最低的学员，我想看看低能量的人是什么样子的。就这样我加了May的微信，她的性格属于那种特别消极悲观、懒懒散散

的。通过和她的交流，我才明白，原来大部分人都受困于这种内耗——抱怨，事情还没有开始做就想象做这件事的困难，表面积极但内心深处受到无数次自我打击。

如果你对她表示理解和同情，她就会像狗皮膏药一样贴上来大吐苦水，却压根没有动力去解决问题。她想要的根本就不是解决问题，而是通过这种羸弱痛苦的状态去博取他人的同情和可怜。

这个人的形象、说话、行动和周身都散发着让人厌恶的消极感。和她交流1个小时，我觉得时间被浪费了。

那是我第一次意识到，低能量的人有多么可怕。一个人长时间维持在低能量的状态上，自己该有多么痛苦。

于是，我在直播间邀请了一些总裁朋友，他们多数和我有一样的创业经历，或者思维方式比较相近，属于积极主动、紧迫感满满的人。希望我和他们的交流能给我的读者和学员一些启发。

其中，美在当下的创始人辰薇老师的演讲是大家票选出来受益最多的。辰薇老师之前是周杰伦演唱会的合伙人，负责整体的舞台设计，后来成立了自己的女性教育集团“美在当下”，普及女性成长教育。

她自己本身就是一个能量很高、很坚韧、行动力很果决的人。她讲到了如何成为一个高能量人的三个方法。

1. 不要被低能量的人消耗，远离低能量的人的核心方法是不争论、不交流、不接触，也就是婉拒。

成为一个高能量的人最重要也是最核心的一点是不要被低能量的人消耗。如果我的身边都是像May一样的人，我可能会发疯。如果你身边的每个人都找你抱怨一句，消耗你的能量，你好不容易积累起的信心也会崩塌。

我观察到像May这样的人都有一个非常负面的生活环境。父母不断想要控制她，每当她有什么想法的时候，这些身边人都会打击她，她也很容易被这些负能量牵扯精力，总想和这些认知水平和自己不一样的人理论理论。

如果你总想靠自己改变别人几十年形成的价值观，变成和自己一样的观念，你当然不会有一次成功，自己也非常痛苦。于是，你的正能量就被消耗了，自己无形中变成了和他们一样的人：精神内耗，爱抱怨，满身负能量。

很多消耗你能量的人就是这些低于你认知水平的亲人。和他们理论，等同于浪费时间，最好的不被消耗的方法就是表面承认“你说的都对”，然后不争论、不交流、不接触，把专注力调回到自己的目标上。

辰薇讲到了她自己在新冠疫情期间企业经营面临的危机，当时她每个月要面临600万元的支出，而过去的商业模式几乎一刀切地被疫情斩断了收入。当时，她也开启了直播带货。一个教育公司的总裁去直播带货，肯定有不少负面的声音。

辰薇告诉自己，听这些没有任何意义，解释也没有任何意义。她不接触、不争论，专注于研究如何带货赚钱，一年赚了2000万元，把公司带出了低谷。

辰薇说，关注那些负面的言论，除了消耗自己的能量没有任何意义，不如把自己的专注力放在实现目标上。

任何一个高能量的人都不会和低能量的人来回拉扯。屏蔽低能量者，是成为高能量的人的核心要点。

2. 一定要向上社交，寻求高能量人的背书，向上社交的前提是掌握强者的表达方式。

辰薇认为，成为高能量的人的关键是需要和高能量的人待在一起。寻求高能量人的背书，需要努力向高能量的人靠拢。

很多人认识辰薇是通过《非你莫属》《美丽俏佳人》等综艺节目，她在节目里面做老板团成员。当你有了更好的朋友，有了高能量人的背书，你就会融入更高层次、更有能量的圈子里。

对于普通人而言，没有这种机会很正常。付费向更有能量的人请教是一件非常重要的事，但是高能量的人又都很不喜欢低能量的人对自己的消耗。解决这个问题的核心就是要掌握强者的表达方式。

强者的表达方式是：不表达感受和负面的情绪，只表达具体的问题！

这里的重点有两个：一个是不表达负面的情绪，另一个是要问非常具体的问题。

举个例子，May 想要解决职业问题，上来却讲了一堆自己的痛苦和纠结，这些情绪让人很厌烦，别人问她有什么问题，她连一个具体的问题都说不出来，这就是在浪费别人的时间。

如果她调整表达方式，一句话说明自己的现状：普通本科毕业，工作10年，三份金融行业客服工作经验，新冠疫情期间离职，空窗期两年。这样表达就很容易让强者、高能量的人掌握她的核心状况。

不要问大而宽泛的问题，比如问："芯片行业很热，你怎么看？"这种问题没有任何意义。

还有那种比较情绪化的问题："我觉得我什么都不是，没有企业会要我，我怎么办？"这种问题也没有任何意义。

这些宽泛又情绪化的表达只会让高能量者更快识别出你是个低能量的人，他们往往只会给一些不痛不痒鼓励的话。你以为他们是对你好，实际上他们是希望和你保持距离，让你不要过来消耗他们。

具体的问题一定要来源于提问的人自己尝试解决过的问题或遇到的卡点。

比如你可以提问："我想进入芯片行业，我曾经面试了xx

公司，对方以我没有相关经验为由拒绝了我，这种情况我应该如何解决？”

问一个具体的问题，别人才能更容易给你精准建议。**所以，不要在自己什么都没做的时候提问**。

想成为高能量的人就要融入高能量的圈子，而融入高能量的圈子首先要学会的是强者的表达方式：精准，具体，不情绪化。只有这样才能快速向强者学习，让自己也尽快成为强者。

3. 一定要夯实自己的基本功，提升自己的影响力。

辰薇说她很赞同李笑来的观点：这世界上卖东西的人太多，而生产东西的人太少，所以一个人要想真正意义上强大起来，必须具备生产“生产资料”的能力。

你必须有生产的能力，最简单的生产就是你有一门核心的技能，比如你会编代码，会写文案，会作图。这些技能本身就是生产能力，雇佣关系的本质就是把自己的能力销售出去。

我们做企业，做工作室，做副业，本质上也是在研究生产能力。这个时候你的生产能力不仅包括你的技能，还包括由技能形成的产品。

无论是哪一种，想要成为高能量的人都需要认认真真地夯实自己的基本功，因为基本功才是形成影响力的核心。

只有你的基本功够扎实，你的影响力才够大，才能破圈结交到更多强者。

虽然你一直四处报课，四处学习，但是自己没有任何一种技能可以作为生产工具，生产“生产资料”。一直是学生，从来没做出过任何成绩，就很难有影响力。

强化基本功的核心就是围绕基本功做小事和找到关键合作者。

比如，你想要锤炼讲课这项技能，可以先从写课程大纲开始，然后做直播讲课、写内容获客等，做这些围绕实现目标的小事，不断根据受众反馈来做调整。

找到关键合作者的核心就是找到谁能帮你在基本功上获得更快的提升，帮你获得更大的影响力。它可能是一家公司的offer，也可能是一个合作的项目、一份企业订单等。

夯实自己的基本功，让你的基本功有价值，才能被广泛认可。

真正的强者都是靠资源和能力换来的。有的人说自己没有任何价值，找不到自己的优势，那就是直接从源头处把自己否决了，让自己无法踏入强者的世界。无法踏入这个世界就无法了解关于这个世界的信息，也无法进入这个信息圈成为强者。

所以，找到自己能力中更强的那一项，锤炼提高这项能力的基本功，不断夯实并加深学习。用你的基本功去社交，不断优化你的基本功在他人眼里的印象，你会发现，你在无形中已经成了一个优秀的人，并且融入了优秀的圈子。

没有谁先天注定就是普通人，也没有谁努力的意义是为了成为普通人。想要融入强者的圈子，自己要先成为强者，也只有真正成了强者，你才能看到另一片广阔天地。

本篇练习

1. 哪些人正在消耗你的能量？
2. 你需要怎样调整自己的表达方式？
3. 你要重点锤炼的基本功是什么？

2

不要记仇，不要让任何情绪干扰你实现目标的进程

记仇会让你厌恶的人慢慢影响你，直到你变成和他们一样的人。

——七芊

很多人的精力特别容易被一些不重要的小事牵扯，然后不断纠缠，自己根本没有时间去做真正重要的事，更别提实现自己的目标了。

我的一名学员叫安璇，从小生长在一个不被认可、被贬低的家庭环境中。面对父亲的殴打、母亲的辱骂，她只能靠火爆的脾气去抗争，实际上内心非常痛苦。

她在20多岁的时候就断了亲情，和父母的家族都不往来，一个人来到大城市闯荡，38岁的时候依然是个基层打工人，惨遭裁员。

38岁的她仍然是一个“刺头”，成功变成了她小时候最厌恶的母亲的模样：歇斯底里。

因为拮据、大龄、一事无成，并且未婚未孕，她非常自卑，但又不想让别人看到自己落魄的样子，她需要伪装成非常强大的样子。她认为强大的表现就是记仇、脾气暴，让别人觉得她不好惹。

她经常遇到一点不公就立刻爆发，导致朋友稀少，贵人稀少，十分孤僻。

在求职转行陪跑营里，安璇第一次承认她其实从来不敢拥有自己的目标，因为她从来没有实现过任何目标。每次刚开始就会有人泼冷水、干扰她，她就会猛烈回击，然后就是身心受创，最终半途而废。

安璇这种伤人一千、自损八百的方法，背后的核心问题就是“记仇”。记仇的人一般都是在成长过程中长期受到了不公平的待遇，他们寻求的是他人的认可、鼓励和包容。一旦对方给予批评或冷嘲热讽，就会迅速激发他们的反击意识，然后开始不断纠缠拉扯，直到耗尽自己的精力将结果变成了自我打击。

怨恨是一种特别不好的情绪，作家王朔在采访里说，他从小特别憎恶他的父母，他人到中年的时候想要缓解和母亲的关系。有一次吃饭的时候母亲让他把桌子擦了，他就听话地擦了，母亲看他没有发火就又颐指气使地让他干这干那，他一下子发起了火，母亲才闭嘴。

王朔说，他发现他和母亲的矛盾是无解的，是母亲的人生经历沉淀下的价值观和他的价值观之间的冲突。

某个时刻他觉得无能为力，母亲不会为他痛苦的童年道歉，因为她觉得她没错，她所做的一切都是当时的环境下必然的选择。王朔一直过不去这关，他有婚外情，他离过婚，他自己的女儿也是在失去父爱的环境下长大的，甚至女儿的婚礼他也没有参加，他在书里写下了为这件事的愧疚之情。

王朔就是那个顽固缺爱的皮小子，终生不肯原谅父母，然后成为将自己与父母的悲剧复制给下一代的典型。

这种心怀恨意的成长模式，复制在职场里也是一样的。很多“小白兔”因为一点委屈就难以释怀，好多年走不出来，要么成长为四处说他人坏话的“怨妇”，要么成长为疯狂报复的“野狼”。等到成为“野狼”，自己也走上管理岗位的那一天，他们发现自己原封不动地复制了他所仇恨的人的一举一动，成了新的颐指气使者，然后被新一轮和自己年轻时一样的人攻击，不断重复过去的故事，直到和解或者毁灭。

怨恨的终极是复制，你会复制所有你憎恶的方式，你会成为你所厌恶的人，原封不动，或者变本加厉。

因此，要快速疏解委屈，走出精神内耗，不在一根刺上浪费时间是一门非常重要的人生功课。我为此梳理了以下四个很重要的方法。

1. 意识到所有人的行为都是他所在环境中必然的结果。

人和人之间之所以有对立和冲突，是因为双方的利益和立场不同。

就像孩子和父母，老师和学生，老板和员工，他们之间其实没有对错之分，就是利益的博弈，动了一方生存利益的蛋糕，任何人都会搏命一击。所有人的行为，都是他所在环境中必然的结果。

不要怨恨别人为什么这样对你，如果你处在他所在的环境，面临同样的压力和窘迫，你多数会做和他相似的选择。每当有人问“为什么他这样对我”，我会说最好的方式是代入他所在的环境，你就会明白为什么这个人会做这样的选择。如果换作你，你也会做一样的选择。

人是环境的产物，都有历史局限性。

所以，不需要道歉，不需要怨恨他人，每个人都是为了自己的利益而活，拼死搏杀也只是为了争取自己活下去的机会。

2. 意识到别人攻击的不是你这个人，而是你这类属性的所有人。

你以为别人针对你的时候，对方不是针对你这个人，而是针对你这一类人，因为你这类人动了对方的利益蛋糕，进入了对方的雷区。

我曾经和一位有千万粉丝的朋友聊天，她说她经常被人骂，已经习惯了。我问她怎样才能走出他人大规模辱骂否定的舆论效应，她说她的心理医生告诉她：人们攻击的不是她这个人，而是她的人设，也就是和她有同样的说话方式、思维方式的人。这让她彻底走出来了。

她自己早年经常写一些“自我夸耀”的内容，比如低学历如何年入千万这类内容，很多人就会攻击她。后来，她写的都是一些同情弱者的内容，慢慢地与弱者共情，大家就开始向着她说话了。

这时候她发现，世界上的弱者比强者多，弱者喜欢抱怨，喜欢博取别人的同情，喜欢看到别人不如自己。她通过调节自己的表达也走出了这种和大部分人对立的局面。改变舆论的核心就是站在和众多弱者同频的维度上。

所以，不要把自己当人，要把自己当数据，他人对你的攻击和厌恶并不是针对你这个人，而是所有你这类人都会引发对方的反感。当你开始意识到这件事的时候，有针对性地调整自己的思维和表达方式即可走出困境。

3. 意识到自己有正事要做，人生所有的改变都来自在正事上投入时间，明确你的目标的标准，只关注和目标有关的标准。

我听过最愚蠢的话是“我的时间不值钱，我有的是时间和你耗下去”。我看过最无语的电视剧就是《黑暗荣耀》，一个人为了报复童年时代的霸凌，把自己一生都用在报复上，最后仇报了，自己想自杀，找不到人生的意义。

人生所有的改变来自在正事上投入时间，在正事上取得成果。当这个成果足够大的时候，你会发现很多负面的声音已经没有了，就算有也无法让大厦倾倒，因为成功是非常客观的、不容撼动的。

如果你没有这种根植于内心深处一定要实现的目标、一定要爬上的高度、一定要看到的风景，那你的任务应该是去找到它，让它成为你的铠甲。

真正有大成就的人，内心深处都是非常冷漠的，他们不会浪费任何精力在和自己的目标及利益无关的事情上。他们只关注自己的目标，只关注和目标有关的标准，其他的事都可以忽视。

4. 人都会犯错，先原谅自己，再原谅他人。

活得久了就会发现万事万物都是在发展中的，可能有的人在网络上的一个欠妥表达、做的一件不靠谱的事、说话的语气不好等让你极其厌恶，但是过几年这个人改变了，因为优秀的人总是在不断进步，你对他的印象还停留在1.0版本，过几年他已经是10.0版本了。

所以，没必要记仇，不要因为一点小事就不放过自己，不放过对方。

我挺认可一位朋友讲的，觉得好就多亲近，觉得不好就疏远。没必要一直记在心里，这种一点小事天天记在心里，四处散播负面评论的人是不会向上走的。如果随便一个小信息、小波动都能干扰一个人的内心，那么这个脆弱的人就无法向上参与竞争。

不要因为自己做错事而否定自己、愧疚自责，优秀的人都是持续发展的，优秀的人也会犯错，别人诅咒的是1.0版本的你，过几年你已经是10.0版本了。

无惧诅咒、厌恶和负面的口碑，只要你一直坚守自己的目标，量变不停止，质变成功是早晚的事。

本质上，在绝对的利益面前，敌人或厌恶的人也是可以成为队友和朋友的。要获得真正的利益就需要团结各种各样的人，没有喜好，没有情绪，给所有人机会，才有发展可言。

人在向上走的过程中，要学会清除失望感，疏解委屈，忘掉仇恨，专注于自己的目标。当取得实实在在的成功时，你的生活、人际关系和事业都会好起来。

本篇练习

1. 你觉得是什么干扰了你的情绪？

2. 你应该专注在怎样的目标上？

3. 你要原谅自己和他人的哪些不足？

3

拆掉思维里的墙，卸下沉重的心理包袱

凡事一旦开始，进度就会很快。多数时候真正困难的不是事情本身，而是巨大的心理压力带来的拖延。

——七芊

佛经类的著作，总是反复提到“思维即炼狱”。

禁锢性的思维会让人陷入沉重的心理负担中，对明明更高效更轻松的方法视而不见。

比如，有的人在求职找工作的时候，非要默认工作是不完美的，喜欢的工作和赚钱的工作不可能是同一个工作。这样怎么可能找到两者兼顾的工作呢？这样的思维决定了你压根不会关注两全其美方向的信息。

比如，有的人在创办企业的时候，非要默认自己必须经历非常多的痛苦才能成功，类似合伙人的背叛、员工的管理难题、企业商业模式的转型等，那就自然放弃了那条本来可以轻松快乐创业赚钱的路。

再比如，如果总去模仿那些非常复杂的赚钱方式，认为要想赚钱就应该付出巨大艰辛的努力才能最终得到回报，你就自然放弃了更为轻松快乐的赚钱方式。

思维才是炼狱本身，是你强制把自己的思维限制在一个狭小的空间里，锚定了一件事成功的标准和模式，释放不出做一件事的想象力和创造力，这才是产生内耗的核心原因。

我发现很多人欠缺的不是能力，而是灵活的思维和让自己快乐的想象力。

我的一位学员叫小新，在腾讯工作了7年，情绪稳定，做事细心，有名校名企履历，业务能力强。但是她存在一个问题，也是很多优等生存在的问题：惧怕负面反馈，做事前有很重的心理包袱。

小新一直希望成为作家，进入读书行业工作，但是痛苦于读书行业很难赚钱。她一直想写小说，又痛苦于这个梦想可能无法支持她有更高的收入。总而言之，事还没做，她自己已经被臆想出来的心理包袱吓怕了。

她从来没有去了解过梦想的真相，从来没有为了这个梦想做点什么，一直陷入内耗的思维方式中，很多年仍然停留在要不要做这类浅层问题上，一直在拖延。

即便她这么优秀，也从来没有实现成为作家的目标。

沉重的心理包袱是扼杀想象力的关键所在，如何才能拆掉思维里的墙，卸下这些心理包袱，让自己摆脱因为心理包袱产生的拖延呢?

以下三个方法可以尝试。

1. 把一个困难的问题当作一个游戏，挑战这个游戏。

如果你遇到了一个十分困难的问题，第一件事就是要站在客观的角度思考：如何把解决这个问题当作一个游戏。

任何难解的问题，如果你想到它的时候，都把它和厌恶、困难挂钩，你就会被这个问题的压力吸引走，根本没有精力去思考其他有趣的解决方法，你会陷入最笨、压力最大、效果最差的行动方案中。

只有你把这件事当作一个游戏，用一种新的视角去思考如何赢得这个游戏的时候，你才会轻松应对。

游戏的核心就是：了解规则+尝试去做+允许自己输。

我曾经在演讲中讲过自己成为作家的经历，最初也和小新一样，站在外行的角度听到了很多“疯言疯语”，诸如写作不赚钱这类的观点。

但我和小新不一样的是，我对自己没有亲身经历过的事和道听途说的观点一律采取不相信的态度。我要去了解事情的真相，要了解这个游戏的规则。

在读书行业工作的一年半时间里，我逐步了解了当时读书行业的底层逻辑：作者本人在平台有流量（确保自己的内容可以被销售出去）—出版社邀约出版—获得稿酬。

明确游戏的规则后，先尝试玩这个游戏。

不可能一开始就有顶尖出版社的编辑来找你。

我的第一步就是挑战业内知名的文化公司，让他们愿意出版我的书。

从2015年12月开始，我在微博和微信公众号平台日更职场文章，仅三个月，就获得新华社、人民日报等重量级媒体转发我的文章。后来开始有大批自媒体加入，大家一起互相转发传播。

不过，在2015—2017年这个阶段，当时新媒体市场的主流文章是情感文和鸡汤文，我的这种写职场干货、如何求职、转行的文章并不好传播，我坚持日更了一年的时间也只有20多万的粉丝量。

当时找我的都是一些小文化公司的编辑，并不符合我想要得到的游戏结果“业内知名的文化公司”这一条，所以，我放弃了与小文化公司的合作，继续行动。

2016年，通过自媒体朋友的介绍我去了当时非常知名的知识付费平台讲课，讲如何进行求职定位。在蓬勃发展的知识付费元年，一夜之间所有的课程平台都邀请我去讲课，所有的知识付费App上都有我的海报。

可以说，我靠讲课有了第一波巨大的影响力，也是因为这波影响力，让我结识了当时在经济管理领域顶尖的文化公司时代光华的董事长王光海老师。

王老师是我的贵人，因为他的公司就出版这种干货类别的图书，出版了非常多知名作家的图书，其中趁早创始人王潇的第1本书就是他们出版的。

王老师非常善于发现有实力的作家，很多作家成名的第1本书都是他来策划出版的。而且时代光华多年一直在经管励志领域深耕，在当时全国只有两个出版品牌有自己的连锁书店，一个是中信，另一个就是时代光华。

2016年我正式和时代光华签约，2017年我的第1本书《你怎样过一天，就怎样过一生》出版，当时在时代光华的大力宣传下，我进入中国68所大学进行签售，在国内许多机场书店里我的书都被重点展示。这本书上过地铁和机场的广告，曾经占据各种图书销量排行榜的第1名。

从开始研究，到挑战成功，我共计花了3年时间，但是从开始行动到拿到成果，我共计花了1年时间。

这份经历让我发现：当你抱着游戏和赢得游戏的心态的时

候，很多有压力的问题都变得很有趣，让你有更多的精力放在寻找一些开放性的方法上。

就像我以为我会靠写作拥有流量，其实我是靠讲课拥有流量的。我以为我是靠写作吸引了知名出版人，实际上我是靠讲课结交了同行，在聚会中认识了贵人。

当你把一个有压力的问题变成一个有趣的游戏，尝试了解游戏的规则，尝试参与到游戏中时，你会发现这些根本不像那些负面观点所说的那样艰难。只要你持续行动，持续去玩这个游戏，就会找到适合自己的着陆点，就会在新的位置开花结果，绽放光芒。

2. 当你遇到负面反馈的时候，不要自我否定，要利用负面反馈得到一个“标准”。

小新无法实现作家梦的一个很大的心理包袱在于她无法接受外人对她的负面评价，诸如别人评价她的文笔不好，或者有编辑直接拒绝她的投稿，她都会下意识地认为是自己有问题，自己不够优秀。这种思维方式会让她产生畏难情绪，进而逃避，无法开展有效的行动。

如果换一个思维方式，通过总结拒绝自己的人和企业的属性，了解这类人和企业的需求，知道对方为什么拒绝自己，那么自己的标准和行动方案就明朗了。

比如，我在出版第1本书的时候，也主动找过很多出版社和文化公司的编辑，他们均以没有流量、没有名气为由拒绝了我。于是，我开始认真地总结这些拒绝我的人和企业的属性，很快我就发现了规律。

企业层面：拒绝我的多数都是一些以市场为导向的、业内排名第一第二的文化公司，这些公司的编辑看中的是作者自己的流量，他们的工作考核指标就是图书销量。

在发现几个出版方都是这种态度之后，我果断放弃了这种超级头部的大出版方，转而选择业内知名且在垂直细分赛道做得非常好的中型出版公司（我后来选择的时代光华就完全吻合这个标准）。

个人层面：拒绝我的多数都是文化公司中层和基层的编辑，他们一方面有市场的考量，另一方面也对我充满了嫉妒和排斥。在当时，文化公司的从业人员素质并不是很高，远不如有学历门槛约束的出版社，但是出版社的从业人员又过于流程化。多数从事出版工作的编辑都是比较内向的，对于外向的、积极主动的人有先天的排斥和抗拒。我和这类人很难合得来，很难达成合作。

我果断选择放弃同中层或基层的编辑合作，转而瞄向了更有话语权、更有阅历的高层出版从业者。正如前面所讲，我通过讲课获得了巨大的影响力，在企业家好友的介绍下，结识了时代光华的董事长王光海老师。王老师专注做国内经济管理领域职场方向的书，也非常欣赏年轻人积极主动、敢想敢干的品质。他力排众议出版了我的书，图书一上市迅速被多所大学、多家书店、多个知识付费平台采购，取得了空前的成功。

一个人想要实现自己的梦想，达成自己的目标，其核心是要找到做这件事的标准，从你不要和什么样的企业或人合作，过渡到你要和什么样的企业或人合作。

标准是通过不断遇到负面反馈，从困难和拒绝中归纳总结出来的。

你知道什么事情不可行，就不要在不可行的事情上浪费时间。然后，你才能知道自己可行的标准是什么，才能全力去做符合自己标准的事情。与其浪费时间否定自己，不如把时间用在否定他人身上。否定那些不适合自己的选项，找到适合自己的选项，梦想没那么难实现。

3. 抓住底层逻辑，尝试用对自己而言更快乐更轻松的方式解决问题，用野路子也能成功。

解决问题的方法不存在于大众都知道的方法中，普通人都知道的方法多数已经没有效果了。

想要找到做事的方法，一定要向成功做过这件事的人学习底层逻辑，模仿永远是在延缓失败，我们要学的是底层逻辑，然后结合自己的优势生成独属于自己的方法。独属于自己的方法才是最大的信息差，才是最有可能成功的方法。

小新总热衷于模仿他人成功的路径。比如，她想成为一个作家，她会先了解很多作家是怎么火起来的，然后也做同样的事情。她会去写公众号文章，但是写了一段时间发现没有反响就放弃了；她会去小说网站写作，但是写了一段时间发现没有正面反馈也放弃了。

依葫芦画瓢是很多人容易有的毛病，他们仅仅在模仿做这件事的方法和形式，而没有抓住做这件事的底层逻辑。

成为作家的底层逻辑就是你必须有流量，确保你的书可以卖出去。

有流量的核心就是抓住以下三点：

1. 什么内容对于你而言是最容易生产且最容易引发关注的。

2. 在什么平台上这类内容可以得到最广泛的传播。

3. 在什么平台上可以完成这类内容的商业闭环。

然后，去写这样的内容，在这样的平台上爆发。

不管什么人在什么平台上火起来，本质上都是这个逻辑。要抓住底层逻辑，用最适合你的方法和工具才能成功。

我发现小新特别适合写和成长相关的内容，但是她觉得自己很喜欢写小说。她一直扭曲着自己去写小说，或许她内心深处的执念就是认为写小说的才是作家，其他都不是。

她的写作也开始扭曲，她不想让周围人看自己写的小说。虽然每次写小说的过程很快乐，也能进入心流状态，但是缺乏受众反馈，就变成了一种欠缺商业闭环的自娱自乐，做久了自己会非常心虚，觉得自己是在不务正业，而且没有赚到钱。

就这样，写作这件事就不可持续了，她在和她擅长的事情做对抗，在做她不擅长却觉得神圣的事情。

我指出了小新的问题：

“你想成为顶尖的作家，你锚定了一个榜样，很想成为他那样的人，但是你们的性格、基础环境，包括出版的时代和行业背后的技术和逻辑都是不同的。如果你潜意识认为成功就是那样，你就会不断模仿错误的偶像，还怪自己做不到，这是一条浪费时间的路。实际上，你已经很优秀了，本自具足，应该用自己更擅长的方式去获得成功。”

我自己在成为职场作家之前，写过很多种文体，如恐怖小说、诗歌、悬疑小说、人物访谈、散文等，这些都没有我写职场类文章更自然、更容易生产、更容易引发关注。

不要和自己的擅长做对抗，抓住底层逻辑，用适合自己的方式形成自己的风格，才能适应时代发展需求走上成功之路。模仿永远是在延缓失败，创新才是唯一出路。

拆掉思维里的墙，把那些沉重的心理包袱放下。转变事情结果最快速的方式是转变自己的思维方式。

唯有如此，才能柳暗花明。

本篇练习

1. 你想挑战的游戏是什么？
2. 你通过负面反馈沉淀下来的标准是什么？
3. 你做这件事的底层逻辑是什么？

4

正确解压不是消灭压力，而是学会与压力共处

你没有眼下的职业压力，也会有其他方面的压力，压力是不会消失的，你只有学会与它共处这一条路。

——七芊

我每天在直播间的读者答疑环节里听到频率很高的一个问题是：我现在的职业压力很大，我要不要裸辞，休息休息，然后再认认真真地找一份工作？

我每次遇到这个问题，都会耐心地重复一遍我的答案：不要。你只看到了现在的职业压力，没有看到裸辞后漫长时间里的无所事事，不知道下一份工作什么时候才能到来，你会长期面对经济压力、孤独和痛苦。

我发现，人在高压之下会存在幻想，认为如果换一种选择，压力就不会存在了。实际上，压力是不会消失的，你没有这方面的压力，也会有其他方面的压力。

与其幻想通过逃避解压，不如学会如何与压力共处。很多时候给我们带来压力的并不是某件事、某个人，而是我们对这件事、这个人的思维方式。

说几个常见的给自己带来压力的思维方式。

1. 担心到截止日期时无法完成，害怕承担后果。

这个基本上就是一定会失败的思维方式。一直顶着压力，压力就会越来越大。因为害怕承担后果，你在现实中就会选择逃避，没有产生有效解决问题的行动。

遇到压力的时候，与其关注后果，不如关注过程中为了解决问题所做的小事。调整你的关注点才是最快速的解压方式。

2. 对事情抱有幻想，期待能快速解决问题。

遇到很严重的问题时，你往往会对事情的解决抱有幻想。比如，你会幻想突然有一个人一下就帮自己解决了问题。在失业很久的情况下，你会幻想自己一下就找到了工作。在欠钱很久的情况下，你会幻想自己一下就还清了所有的钱。

我们一定要意识到，艰巨的问题是积累了很久的错误的思维习惯和行为习惯造成的，不可能一下就解决。越是抱有这种快速解决的想法，解决问题就会越慢。

所有事情的解决都是靠涓涓细流的方式，逐渐改变习惯，最终彻底改变，看着慢实际比你抱着幻想解决起来的时间快很多。放弃一下就解决的幻想往往能事半功倍。

3. 因为畏惧，所以不敢在开始的时候明确自己的条件，不敢拒绝。

这种思维方式，到最后就是做了委屈，不做也觉得不妥，在持续内耗中给自己带来越来越大的压力。

原则上，让你犹豫不决的事都要选择拒绝，避免精力的浪费，情绪的崩盘。要把宝贵的精力留给做正确的事，否则只会浪费更多的时间。

上述这些错误的思维方式都会让原本没有那么大的压力变得越来越大。解决问题的办法往往是非常简单的，只是错误的思维方式干扰了我们的决策，让我们无法理性地解决问题，最终形成了压力的负面循环：

出现问题—产生压力—错误的思维方式—无效行动—问题更严重—压力更大。

我的一位学员Misa，从事数据分析相关的工作，因为性格内向，长期不与人接触，形成了默默承担压力的内向性格。

2022年的时候，她通过朋友介绍加入了我的求职转行陪跑营，想要找到自己清晰的职业目标。在挑战实现目标的过程中，错误的思维方式带给她非常多的卡点。

如何正确地疏解压力，与压力共处呢？

1. 利用记录法，清晰地写下自己的压力，直面自己的恐惧。

你可以找一张纸，把你现阶段真实的压力、真实的恐惧都写下来。连续记录一个星期，你会发现自己的压力已经没有了。记录法是世界卫生组织公认的疏解临床患者心理负担最直接的方法。

Misa因为内向自闭，常年不与人打交道，导致心理负担非常重，经常一个人对着电脑，习惯性重复做无用功。她一方面非常“忙”，另一方面又没有解决工作上的问题，导致自己又累又没有成就感，压力很大。

我让她写下自己真实的压力，每天都记录自己真实的想法。

最初她的压力问题是不知道自己下一份工作什么时候才能找到。我让她利用五问法：为什么担心这个问题？因为害怕空窗期太长，找工作越来越困难；为什么害怕找工作困难？因为害怕家人说自己没有用；为什么害怕家人说自己没有用？因为自己不认可自己；为什么自己不认可自己？因为自己眼下没有钱可以缴纳房租，害怕被房东瞧不起；为什么害怕被瞧不起？因为自己一把年纪了连存款都没有。

表面上看，Misa的压力是找不到符合自己目标的工作，实际上她的压力是没有钱。

Misa应该直面自己的压力，不要打着求职的幌子，要直接解决让自己压力最大的这件事：没有钱。

怎么能够快速赚到钱才是解决压力问题的关键。

如果每天都使用五问法记录自己的压力，你会发现很多压力都会悄无声息地被排解出去，你会更了解自己的恐惧、自己的问题。

2. 观察最坏的结果，接受自己的无能为力。

Misa在日常生活中是一位特别纠结的人。比如，她的领导请她帮忙去一个论坛展示自己的技术成果，她很害怕自己搞砸，但又不好意思拒绝自己的领导。她只能应承下来，然后担惊受怕地过日子，每天熬夜加班练习，给自己很大的压力，让自己痛苦不堪。

在实现自己目标的过程中，她总是害怕自己做不到：找工作的时候害怕自己找不到好工作，被家人嘲笑；赚钱交房租的时候害怕自己赚不到，被房东扫地出门。

她永远都在恐惧事情的最坏结果，逼迫自己为了避免这么坏的结果而行动，每天活在恐惧之中。

缓解压力最重要的一件事就是坦然接受自己的无能为力，接受可能失败的事实。

要接受最坏的结果。对于求职者而言，最坏的结果就是找不到工作。一年找不到你可以找十年，总不会一辈子找不到吧。同样，创业也好，赚钱也好，最坏的结果就是破产。如果上天让你破产，让你负债，就接受这件事，大不了就是这样。

如果不接受最坏的结果，专注力永远会被恐惧占据，就没有足够的专注力用在解决问题的事情上。

我让Misa在处理金钱这件事上，想好自己最坏的结果到底是什么。最坏的结果也就是缴纳不了房租，被房东赶出门。她的行李可以放在当地专门做仓储的仓库里，自己可以先回老家办公，等解决完问题再回来，有什么可怕的呢？

当Misa意识到，自己最恐惧的事也有解决和处理的方法时，她突然释然了。有什么可恐惧的呢？为什么让这种恐惧给自己这么大的压力呢？

3. 真正解决压力问题的方法是把专注力用在最关键的那一件事上。

Misa有个大问题是喜欢假忙。她每天有非常充实的时间表，每天都做很多事，但是并没有解决问题，反而让自己的压力越来越大，让身心越来越疲惫。

在这种疲惫的状态下，不管是实现求职的目标，还是实现赚钱的目标，她都会本能地拖延。她总认为自己应该先忙完眼下的事，等准备好再去做。

实际上，人永远没有准备好的那一天。

如果以“我再准备准备，准备好再干”为借口拖延，就可以告诉自己：根本不可能有准备好的那一天，应该马上开始干，在干的过程中获得反馈，逐步修正自己的做法，问题才能得到解决。

人有休息好的那一天。

如果非常疲惫，你可以让自己充分休息。彻底睡一觉，彻底玩一次，彻底把自己抽离出来好好休息几天，你很快就能休息好。很多优秀的人解决棘手问题的关键动作就是睡觉，让自己充分休息才能快速恢复，再投入精力去解决问题。

在疲惫状态下工作是没有好结果的。

我告诉Misa，想要解决眼下的压力问题，核心是让自己不要疲惫，要去做解决问题最关键的那一件事。

想赚钱，就要把专注力调整到寻找商业模式上。

想找工作，就要把专注力调整到关注就业机会上。

不断把专注力调整到每个阶段最重要的那一件事上，持续去做这一件事才会有好的结果。

Misa逐步改掉瞎忙的毛病，关注如何靠数据分析的技能赚到房租钱。最初她把专注力用在如何利用数据分析的技能赚钱上，然后把专注力放在如何销售自己的数据分析能力上，后来把专注力放在如何挖掘自己的第一个客户上。就这样不断把专注力调整到每个阶段最重要的那件事上，花了两个月的时间，她成交了第一个客户，用赚到的第一个1万元钱缴纳了房租，也增加了自己的信心。

压力永远没有消失的那一天，你做的所有选择都会带给你压力，不可能存在没有压力的时候。通过做保守稳定的选择规避压力的人，根本没有意识到这点。躺平也是有压力的，不上进也是有压力的，空虚本身也是一种压力。所以，与其逃避压力，不如学习如何与压力共处。

调整思维方式，及时疏解压力，才能更轻松更快乐地走上一条新路。

本篇练习

1. 利用五问法写下你真实的压力。

2. 为了解决压力问题，你的专注力要放在哪一件小事上？

3. 这件事最坏的结果是什么，怎么说服自己接受它？

5

戒除侥幸，把危机拿到明面上解决

戒除侥幸，就可以戒除99%的麻烦。

——七芊

许多时候，人们都会心存侥幸，总会有一种错误的认知：这件事轮不到我。在人生发展的过程中，你终究会发现，所有你做过的恶都会返回到你身上，现世报来得非常快。

我的许多学员在三四十岁出现职业问题的时候，都提到过一件事：他们在年轻的时候对于求职这件事十分瞧不上，认为求职不需要花费很多时间，找个工作就可以干，找工作这件事一点也不难。他们没有任何职业规划，一直认为裁员、失业、赚不到钱这种事轮不到自己。然后，他们在三四十岁的时候经历了经济和行业的动荡，即便在非常稳定的企业，也难逃被淘汰的命运。

我们在人生发展过程中，想要发展得好，想要实现自己的目标，取得实实在在的成功，核心是要戒除侥幸。

我在某一期直播的时候，邀请了蓝鲸私域的创始人高海波做飞行嘉宾。他在直播间里讲述了他的创业经历，其中关于戒除侥幸心理的部分非常精彩。

高海波早年的时候是做校园类公众号起家的，赶上了创业大潮，他开始创办公司搞创业孵化器，然后很快发现房地产的生意不好赚钱，现金流断了后，他背起了巨额债务。当时，那些讨债人逼他还债，一度将他推到了崩溃的边缘。

后来他通过复盘，回归到了自己最擅长的领域——在微信私域领域创业，才逐步走出困境，还清了债务。谈及这段经历的时候，他讲到了戒除侥幸心理的三个关键点。

1. 当有“我可能会逃过，这件事可能轮不到我”的想法时要提醒自己，这件事一定会轮到自己，要从源头处避开风险。

这点我非常认同，做事的初衷决定了做事的结果。你的初衷是什么，结果就一定是什么。当你有侥幸想法的时候，提醒自己不要去做这件事。

我的一位学员Leo，是山东大学的学霸，毕业后去了美国留学，回国后经朋友介绍进入了房地产行业知名的大企业。结果赶上了新冠疫情，房地产行业不断下行，公司风雨飘摇，开始大规模裁员。

他觉得自己不会被裁员，所以并没有提前做规划。他还在内心深处嘲笑那些听风就是雨的同事。过了一年，房地产企业不断爆雷，他所在的公司也很快中招，濒临破产。他也惨遭裁员。

因为没有任何积蓄和做好失业的准备，经济问题很快就无法支持他在上海这样的地方继续求职，他不得已回到了山东老家，开始在老家找工作。

小城市的工作机会少，他找不到合适的工作。这个时候有个老板拉他一起创业，他又心存侥幸：没准创业可以成功，自己就不用打工了，可以享受做老板的快感。他抓住了这个在他失业期间的临时稻草，结果新公司没多久就倒闭了，他也因此而负债。

后来，Leo又习惯性地想回大城市，想先找到一个好转行的工作，比如做产品经理，再慢慢还债。

我提醒他，他最大的问题就是心存侥幸。如果最初他能意识到在行业下行的时候，每一个人都会受到影响，自己及早准备就不至于在危机突然到来的时候手足无措。

即便进了我的求职转行陪跑营，他依然心存侥幸，想的不是如何解决主要矛盾，如何找到清晰的职业定位，认真求职，而是想逃避，先找个好转行的工作干着。

一个人如果总是抱着侥幸心理，不直面主要矛盾，就会一直按照自己的思维惯性选择退路，一直选择退路最终就会退无可退。

当你遇到困难的时候，如果抱有“我可能会逃过，这件事可能轮不到我”的侥幸心理，就要提醒自己，这件事一定会轮到自己。要及早做准备，及早解决不愿意面对的主要矛盾，从源头处避开风险。

2. 把你恐惧的事情，拿到明面上来解决。

逃避问题并不会让问题不存在，不直面问题，问题就会一次一次升级，以更严重的形式爆发。把你恐惧的事情拿到明面上来解决，直面这个问题，解决这个问题，才有可能从源头处彻底解决。

拥有习惯性侥幸心理的Leo，最害怕的事情就是认真做好求职定位和发展规划。因为在他心里，他一直逃避就业这件事，认为做求职定位、发展规划这些事很麻烦，他不愿意浪费精力去做这些事。

他在34岁的这一年因为之前一直欠缺求职定位及相关的发展规划，导致自己履历不佳，无法找到合适、满意的工作。

Leo还一度想让别人替他做这件事，他曾经买过很多求职的课程，他的想法是自己不做，希望有人替他把这件事做好。在我的求职转行陪跑营里，我告诉他，这是不可能的，没有人能够替你解决问题，最终一定要靠自己解决问题。

我会教给他方法，但是落实到行动上一定要靠他自己。如果他自己不做，那么最终就没有好的结果。没有人可以替他承担他应该承担的责任。

越恐惧什么，越要把它拿到明面上来解决。我们首先要做的就是拿出时间来解决这件事。如果一件事根本没有做它的时间，它就不可能被解决。其次是要和相关的人沟通，如果不想和相关的人正面沟通，害怕对方打击自己，那么这件事也永远没有解决的时候。

Leo从过去最想逃避、最恐惧的了解企业开始，每天调研几家公司。坚持了3周之后，他累计调研了70家公司。正是这70家公司，让他了解了真实的求职市场，了解了适合自己的岗位，他开始不再惧怕求职这件事。

Leo就这样从源头处解决了他的职业问题，不再害怕面对求职定位和发展规划，不再认为这是麻烦事，反而能意识到职业问题是终生的。只要你还在工作，就要不断地解决职业问题。一个人在实现目标的过程中，如果遇见困难就绕开，那么他永远没有成功的那一天。把恐惧拿到明面上，投入时间去解决，才能在真正意义上解决问题。

3. 不要对任何人和事抱有预设。比如，不要认为某种性格的人不会翻脸，不会伤害你，没有预设就没有伤害。

不要预设某一种人的某种做法不会有风险。比如，公司创业失败，就剩下你和你的合伙人了，你一直觉得你的合伙人不会抛弃你，结果有一天合伙人找到新工作了，你就非常痛苦。你预设了他不会走，如果你从一开始就没有预设，认为谁走了你都可以继续做下去，那么等到真的面临合伙人离开时你也能泰然自若，不受打击。

我非常赞同这一点：在实现目标的过程中，不对任何人和事抱有预设，就不会有依赖心理，就会更独立自主地解决问题。

Leo对人和事都抱有很多心理预设，在求职的过程中，他总是对一些自己非常想去的公司抱有幻想，认为面试官对他挺好的，很看重他，他没准能加入这家公司。

每次参加面试，Leo都会陷入幻想，进入新一轮的内耗。最夸张的一次是，他在面试过程中，因为对方说了一句他还不错，他就觉得自己很有希望入职这家公司，在家里抓心挠肝地等了两个星期，什么都没有做，每天祈祷可以加入这家公司，最终却没等来公司的入职通知。他感到十分沮丧。

他的这种表现叫乞讨者心态，也就是生怕一件事不成，呈现出无底线让步的乞讨状态。一个人想要实现任何目标，只要出现乞讨者心态，那么这件事一定会失败。

我对Leo说，不管这家公司如何让你产生幻想，你的面试官如何让你觉得他很欣赏你，只要对方没有给你发入职通知，就是不要你，你就不要对这家公司抱有任何幻想。要把注意力放在寻找下一家公司上，只有你自己才是最靠谱的。

Leo有意识地调整了这种心理之后，他实现目标的过程就比较顺畅了。他不会因为公司的光环，或者面试官的青睐而动摇，也不再对一些公司抱有幻想。他把重心放在自己的能力提升上，例如提升面试的表达能力，不断优化自己的行为。也就用了4个月的时间，他就拿到了第一个心仪公司的入职通知。

我们在实现目标的路上，总会遇到各种各样的问题，我们会习惯性地逃避困难，选择容易的那条路；会习惯性地对人、对事，甚至对未来都有这种盲目的乐观情绪，进而心存侥幸。殊不知，就是一个又一个侥幸的种子，埋下了未来的祸患。

如果在做事之初，就能击破幻想，击破侥幸，那么你会发现，不知不觉之中人生之路通畅了很多。

本篇练习

1. 你的侥幸心理是什么？
2. 你的恐惧是什么？
3. 你的预设是什么？

6

打造自己的强者思维

通过本章内容的学习，大家了解了让自己更强大的思维方式，其中包含五大板块：拥有能量，控制情绪，去除心理包袱，疏导压力，戒除侥幸。

在实现人生重大目标的过程中，我们必须拥有强者思维。只有拥有强者思维，我们才能在绝境中激发自己强大的驱动力，为自己的行动保驾护航，让自己在任何低谷期都能靠自己重新崛起。

强者思维会让我们从弱者思维的那种苟且、害怕负面反馈、不敢承压，以及心理包袱太重的状态逐步过渡到自然、坚韧、充满力量的心理状态，让我们更加不畏惧行动过程中的诸多意外，笃定地实现自己的目标。

按照本章所学内容，梳理自己的强者思维。

1. 什么事情让你的能量变低，你应该如何正确对待它？

2. 什么事会激发你的负面情绪，你要如何快速疏导压力？

3. 你的心理包袱是什么，如何快速调整思维方式？

4. 你现阶段最大的压力是什么，为解决这个压力问题，你的专注力应该放在哪里？

5. 你的侥幸心理是什么，你如何戒除侥幸心理？

五

实现目标第五步：坚决执行，必须实现

1

持续行动，不需要正反馈也能坚持下来

坚持的核心是形成习惯。

——七芊

我的朋友，拥有千万粉丝的学习博主“九三学长”，是记忆吐司文具公司的创始人。他本科毕业于厦门大学，研究生毕业于美国雪城大学，是典型的山东学霸。学霸的特点就是特别聪明，做事能直截了当地抓住主要矛盾，有果断的行动力，能一击命中、快速达成目标。

“九三学长”说我拥有一项他所不具备的品质，那就是强大的目标感，能够忍受长期的无反馈状态，甚至在面临负反馈的时候也能持续行动。他说大多数和他一样的学霸都在追求快速的正反馈，如果一件事没有正面的反馈结果就放弃不做了。

我给他讲了一个我小时候的故事。

我母亲在大学当老师，外公是这所大学的校长，我小的时候经常参加一些兴趣爱好班，比如上书法课。

我的书法老师苏老师，是个“摸鱼大王”，他根本不会一笔一笔地教学生，多数时候他就给我写个字头，让我自己临摹。

我在苏老师这里写了一个月，除了弄脏衣服，就再没有什么进展，字写得很丑。我母亲拉着我去找苏老师理论，说：“你看看这孩子写的什么东西？！”

苏老师被这气势吓到了，然后赶忙说好话：“这个字，以她这个年龄已经很不错了，她才写了一个月，已经远胜于同龄的小孩了。”我母亲这才罢休。

经母亲这么一闹，苏老师就更看我不顺眼了，上课基本不和我互动，巴不得我赶紧知难而退。于是，每节课我都在最后一排，领到字帖后趴着，恨不得把头埋到桌面上悄悄地写，期待赶紧下课。

孩子学习时都是多巴胺脑，没有正反馈就不想学了。

我外公的书法写得很好，获过很多大奖。每次过年他都会写一长幅巨作，然后全家一起拍照。

我对外公说了书法课这件事，他说："写字这个事情啊，就是坚持，没必要追求所谓的好还是不好，坚持写就可以了，可以写一辈子。"

这是我最早关于"习惯"的教育：**不追求结果，只追求日复一日的积累。**

我外公可以用俄文、日文、英文进行流利的对话，他的文学素养也非常好，自己可以写诗歌、写散文，他还会拉手风琴。他做事情毫无功利心和日复一日坚持的习惯，最终形成了强大的能力基础。

在他的影响下，时至今日，我仍每天写一篇文章，坚持写作22年；学习了日文和英文，每天早晨读外语坚持了15年；小时候，每天写一帖书法坚持了12年；就连最不喜欢的小提琴，都坚持学了6年……

我能忍受在目标实现过程中长时间的无反馈，甚至是负反馈状态，因为我相信积累的力量，相信厚积薄发，相信量变一定会引发质变。只要把基础做扎实了，自己早晚会成功。

坚持的核心是养成习惯。习惯就像每天吃饭喝水一样自然的事情，不需要任何逼迫，每天主动去做的事。

如何才能持续行动，养成良好的习惯，不需要正反馈也能坚持下来呢？

大前提是务必阅读本书的前三章，必须经过反复确认沉淀出一个真实的目标。如果目标是假的，就没有形成习惯的强大驱动力。

有了真实的目标这个大前提，我们再来说说如何构建习惯，并且耐心地养成这个习惯。

1. 关注频率，降低强度，保证每天都有时间去做这件事。

很多人因为一件事几个月没结果，就放弃了。他们认为坚持就是不够聪明，持续做却没有好结果就是笨。他们对于被嘲笑的恐惧，远胜于他们对于事物本身的热爱，以及对于好结果的向往。

他们会进行自我攻击，没有劲头继续去做。没有持续投入时间和行动，也就不会有好的结果。

我的学员阿喜就是这种人，生怕自己的努力没有结果，所以她不努力，放任自己一直处在焦虑中。读书的时候，这种思维让她总是陷入不知怎样做才正确的困境中，所以她没有足够的时间沉浸在学习和提升分数上，而是一直处在情绪内耗中。她最终考了一个不太好的大学。

她在求职找工作的时候，也害怕即便自己努力了也找不到好工作，所以她的求职习惯特别不好，经常一个月过完了她才发现自己在求职上也就累计投入了两个小时。

挑战任何目标，核心都是要养成为实现这个目标持续行动的习惯。只有把做这件事融入每天的行动中，这件事才有可能被做成。

我给阿喜讲了1000天持续行动定律。

我在大学毕业时，认识了一位清华大学的朋友，他从小县城考到清华大学，当时他非常自卑于自己的英语水平，于是花了1000天的时间，每天去提升自己的英语水平。慢慢地，他的英语成绩变得特别好。

我问他怎么坚持下来的，他说不要关注结果，只关注每天是否有时间去做这件事。后来他把这个1000天持续行动的理念推广出来，我就是在他的鼓励下，持续写作，没用1000天，也就用了365天，我的第1本书就成功出版并在全国范围签售了。

实现任何目标都要先关注做这件事的频率，确保每天都有时间去做它。

就像求职这件事，当你不知道干什么的时候，要保持每天有时间浏览公司网页和投递简历。当你学习没有结果的时候，也要坚持每天都有时间学习并付诸行动。

只有日复一日做同一件事，然后想着怎么才能做得更好，你才有实现目标的可能性。间断一天，努力就白费了。迷茫的时候，你要做的是放下功利心，追求日复一日地投入时间做同一件事。

2. 找到做这件事过程中的乐趣，而不只关注事情的结果。

阿喜难以坚持、无法形成习惯的核心原因是她永远只关注事情的结果，而没有关注过程中的乐趣。

形成习惯的关键就是找到做这件事过程中的乐趣所在。我给阿喜分享了我日更两年公众号过程中的乐趣。

我在互联网公司的工作非常繁重，每天下班就赶紧打开自己的公众号，把自己写的文章发出来。虽然阅读量非常低，但是写文章的过程、吐槽工作的压力、记录学习笔记，等等这些都让我觉得非常解压。

所以，我根本不关注有多少阅读量，我只关注做这件事的乐趣。

当你感受到了做一件事的快乐，你会发现这件事变得可持续。我因为每天写一篇文章，而被大量的媒体关注到，于是大家开始转发我的文章，很快我的第1本书就出版上市并在全国范围签售了。

找到做这件事的乐趣，比直接追求功利性的结果更容易成功。

成功的方法多种多样，但是底层逻辑是不变的，那就是只有持续才有可能成功。任何不够简单、无法持续的事情注定会失败。所以，找到做这件事的乐趣，坚持下来才能看到曙光。

对于阿喜而言，求职找不到乐趣，自然就会畏难逃避。我跟她说求职是有很多乐趣的。比如，你可以了解很多不同的行业，不同商业模式的公司；可以通过面试遇见很多优秀的人，和他们一起交流，学习他们先进的思想；可以和一起求职的人组成求职搭档，互相鼓励，结交好朋友；可以通过求职了解很多公司的商业模式，从而获得新的机会，赚到钱……

阿喜受到了启发，过去她关注的点都是如果不入职工作就是不成功的，自己的功利心太强，以至于每次受到打击的时候就无法坚持下去。

求职过程中的一个环节是她非常喜欢的，那就是参加线下活动。很多目标企业的线下活动都让她感受到了融入人群的力量，她还因为能够面对面见到企业里工作的人而提升了信任感。

找到这个乐趣后，她开始每天关注企业的线下活动信息，通过参与线下活动获得精准人脉、精准内推，整个求职面试的反馈效率得到了极大的提升。

3. 产生愧疚和自责等负能量时，默念你的目标，念到自己热血沸腾。

阿喜由于原生家庭的影响，经常习惯性地进行自我否定，只要短时间没有结果，就认定是自己的问题，然后迅速消极起来。

愧疚和自责是最大的负能量，不要努力了一阵子发现没什么结果，就自我贬低，然后停止行动，因为量变一停就不会有质变。事情不解决，问题就一直围绕着你，几年、几十年，问题不会因为拖延得到解决。

如果想一键清除这些负能量，就默念10遍你当初想要实现的目标，10遍不行就20遍、30遍……念到你自己深信不疑、热血沸腾。等消除了所有的负能量，再重新行动，继续优化，直到做成事情为止。

我给阿喜分享了我的目标口诀：**我要……我早晚会……我就是……**

比如，我在过去许多年经常会喊的一句口诀是：我要成为中国最顶尖的作家，我早晚会成为这条赛道最顶尖的作家，我就是最顶尖的作家。

每当我对着镜子热血沸腾地念口诀的时候，我就会把那些过程中的痛苦、负面反馈忘得一干二净，念10遍、20遍就会神采奕奕。

也正是这个口诀，让我在被他人质疑的时候，仍然坚持写作9年，出版了3本书，在全国做了百场签售会，获得了图书界的很多大奖。

我发自内心地认为我早晚会成功，所以我每一天都在奔着这个目标努力。从最初我说我是作家，到9年后大家称呼我为知名作家，在这个过程中我看到了目标口诀的力量，也就是信念的力量。

如果你的目标是真的，你的口诀就有力量，那么当你痛苦的时候，你去念它，大声地念出来，那些负能量就会被全部清除。你会发现如同你的口诀一样，你悄无声息地成了那样的人。

阿喜备受鼓舞，也写下了自己的目标口诀：我要进入最顶尖的企业，我早晚会进入最顶尖的企业，我就是会进入最顶尖的企业。

这个口诀在长达8个月的时间里无数次重复之下，真的带给了她莫大的力量。8个月之后，她成功转行进了理想的公司，实现了最初的目标。

我在过去10年时间里遇到过很多人，他们会找各种理由放弃自己的目标。他们会一直陷在面对一点负面反馈就放弃的怪圈里，没有有效的行动，最终一把年纪一事无成。其实负面反馈并不可怕，即便有负面反馈也并不代表我们是不够优秀的人，不代表我们不合适，我们只是没有用对方法而已。

想要找到正确的方法就得培养这种持续力，而习惯就是我们每个人的持续力。习惯是我们每个普通人逆袭的关键行为模式，也是唯一能让我们做到无须正面反馈也能坚持下来的事情。唯有形成习惯，万事才能持续，才会有奇迹发生。

本篇练习

1. 如果让你坚持一年的时间来完成目标，你每天要为你的目标投入多少时间？
2. 你在这个过程中的乐趣是什么？
3. 你的目标口诀是什么？

2

做有互动的行为才是有效努力

有效努力就是抓住需求、反馈和迭代这三个环节。

——七芊

我的一位朋友Andy想要成为知名的博主，新冠疫情期间从大型互联网公司离职后，她一直在摸索自媒体的路径，但是三年时间粉丝量没有明显增长，更没有赚到什么钱。吃完了储蓄老本后，她陷入了深深的自我怀疑中。

Andy做事的风格是喜欢自己闷头做，没结果就会进行自我攻击，陷入负面情绪中，反复内耗。

如果你想让一件事产生好的结果，也就是让自己做精准有效的努力，那么你需要了解做这件事的底层逻辑。

1. 做任何事，先了解需求，而不是自己闭门造车。

做一件事的时候，不要自己上来就干，而要先寻求最小成本的合作，寻找愿意与你合作的人，问问他们的诉求和玩法。

Andy是做视频内容的全职博主，她的传统认知是先把粉丝量做起来，然后接广告，然后变现。这样做最容易出问题，千万不要有先怎样再怎样的思维，而是要找到成功的最短路径。

所谓最短路径，就是你靠什么直达目标。

她的目标是变现，能赚到钱。我当时决定介绍一些出版社资源给她，看她是否可以为图书带货。这是当时非常棒的可以快速赚到钱的方式，但她犹豫说自己没有准备好，没有做过图书带货，觉得自己承接不住，还是要先好好做自己的内容。

我个人不建议这样的思维模式。如果你想做一件事，首先要关注市场对这件事的需求，要根据需求做事情，而不是根据自己的喜好。

做内容，一定不能只说自己想说的话，而是要围绕合作方的需求和用户的需求，创造最短路径的商业模式。

如果你开始围绕需求，从需求中逐步挖掘自己有热情去做的事，那么你会发现，很多事变得特别简单。

Andy最大的问题是不敢了解需求，她在潜意识中会认为自己并不符合需求，认为自己有问题，从而陷入深深的自卑中。

解决这种心理问题的最好方法是：向更多的人了解做同一件事的真相。

比如，你可以罗列50个人，把这些人按照不同的属性分类：行业供应商、同类型的博主、行业内知名平台工作人员等。然后用大量的人的不同视角，增加自己看待同一件事的信息量。

当信息量增加的时候，你会发现自己的想法也跟着改变了，就没那么容易自闭了。

2. 做有互动的努力，获得充分的反馈信息，想成功先吆喝。

有效的努力就是有互动有反馈的努力。

比如，你做内容，就要把内容放到你的受众能够看到的渠道中去，获得用户的反馈，根据反馈不断地调整内容和形式。

再比如，你销售产品，就要把产品投入市场做测试，了解受众的反馈，获得受众的评价。

先吆喝起来吸引很多人看，才能得到反馈。

虽然这样做会带来一些不好的声音，但是本质上这些反馈都是非常有价值的。针对反馈不断快速迭代，才能打磨出更加客观的产品和服务，才会越来越成功。

Andy 想要流量，也想获得受众对她的认可，但不愿意去听和自己观点不同的声音。她会陷入自我保护的矛盾中，迟迟不敢拿出自己的产品去获得市场的反馈，进而陷入更深层次的自我怀疑中。

解决这个问题最好的方法是：先小范围做测试。

不敢获得大众的反馈，怕被质疑，怕被攻击后自己更没信心，那不如先获得小范围用户，也就是忠实粉丝的反馈，或者行业内合作伙伴的反馈，又或者同行的反馈。

先不要做得那么大，先跑通最小的逻辑闭环，能赚到钱，能看到流量的增长，再去逐步扩大规模。

从小处做起是事情成功的开始。

Andy用了这个方法，从自己的10个忠实粉丝中获得关于自己所做内容和商业链条的反馈，每天都在根据这些人的反馈，对自己所做的内容进行改良，她很快在小红书上做出了爆款，1个月就涨了1万粉丝。

Andy这时候才明白自己之前的清高、自我保护、闭门造车多么耽误效率。成功是简单的，何苦让自己痛苦那么长时间呢？

3. 根据反馈，快速迭代，直到成功。

完美主义的人，一定不会有很成功的社会成绩。他们太容易卡在开始的环节上，而难以开始。

真正取得效果的行为是生产。开始生产出来的产品虽然不完美，但是可以根据反馈不断调整，不断迭代，不断精进。

准备好才去做的思维，本质上就是拖延。正确的思维方式应该是先开始做产品，然后针对受众的反馈调整产品并不断迭代，最终做出被大众认可的成功产品。

Andy的成功速度太慢，本质上是迭代速度太慢。她不敢了解需求，不敢获得反馈，完全不知道从哪里开始迭代。她获得了反馈后又容易受到负面反馈的影响，从而使自己自责、痛苦、情绪化，严重耽误了迭代的速度。

正确的迭代方法是：小步快跑，每次只改良一个关键点，而不是试图改良所有方面。

产品的不完美，模式的不完美，实现目标过程中的不完美都是非常正常的，不是一下都能改进完毕的。所以，不如抓住一个细节，每次迭代一点，追求每天都在迭代进步。以这样小步快跑的方式，你会发现很多事情的进步速度非常快。

Andy之前总是不好意思赚钱，不好意思设置自己的商业模式，一直陷在骄傲自大的状态中，根本没有进行有效的迭代。

调整思维后，她从最简单的直播带货做起。大家觉得她表达不清晰，她就重点调整表达，让自己的表达变得更准确、更清晰。大家反馈她推荐的书单不符合自己的需求，她就围绕核心用户重新设计书单。当然也有一些反馈是Andy的直播间布置太差，但是当时财力有限，她只能改变自己当下能改变的。

这种小步快跑的迭代模式，很快帮助Andy在两个月内赚到了5万元。

很多时候，你想一下成功，反而不会成功。不如每天做一点，优化一点，用不了多久你就成功了。

成功就是在机会来临之前你已迭代多次。

总而言之，有效努力的底层逻辑就是：抓住需求、反馈和迭代这三个关键点。希望所有人都能摆脱内耗，做到有效的努力。

3

提升抗打击力，面对嘲讽也能勇往直前

除非你同意，否则任何人都无法干扰你。

——七芊

我的学员Shine，是一位性格内向的课程销售人员，她本身的性格并不适合去做销售类的工作，但是她觉得自己表达能力太差，所以想通过这类工作提升自己的表达能力。结果表达能力没有训练出来，在高压和外界的打击之下，她越发痛苦、自闭、内向。

Shine非常容易受到外界干扰，别人只要一打击她，她就会迅速丧失积极性。这种类型的人在日常工作中很难取得成绩。

只要你在进步中，那么被嫉妒、被怀疑、被干扰都是必然发生且非常正常的事。

一个抗打击能力很弱的人，不管多么优秀，都很难做出非常大的成绩。你要向上走就要面临竞争，竞争就一定会动他人利益的“蛋糕”，就会出现“拼杀”和“博弈”，势必会面临他人对你的打击。

如何才能提升自身的抗打击能力呢?

1. 持续表达，过滤掉价值观不一样的人。

很多人都畏惧他人的言论，诸如贬低、挖苦、嘲讽。这些言论就像刀子一样割在心上，让自己对自己产生怀疑。

摆脱言论层面的压力主要靠过滤掉价值观不同的人。比如，你不赞同对方的理念，或者对方刻意曲解你的时候，你需要的不是和对方理论，而是忽视对方的言论，不回应、不辩白、不听进去。

所谓一拳打在棉花上，就是无论对方怎么折腾，你都没反应。没有反馈就会挫伤对方的攻击性，让对方觉得自讨没趣。

在你最初做不到不听这些负面声音的时候，你不如去想一下你想要遇见什么样的人，你想要讲给什么样的人听。你要找到这样的人群画像，在每一个表达场合，你都想象自己就是说给这样的人听的。养成了这种表达习惯，你会发现慢慢得你的圈子里都是你喜欢的人，你就不会被一些负面信息干扰了。

Shine这样性格内向、容易内耗的人，很容易把他人的话听进去，然后自己打击自己。

她曾经有一位雷厉风行的上司，上司非常不喜欢她慢吞吞的性子，而且她从事销售工作总是不出业绩，上司就经常在大会上批评她，挖苦她反应慢，做事不积极。好几次把她批评哭了，对方也没有停下来的意思。

长时间在这样的工作环境里，她越发自闭，想要离职又觉得自己没有任何技能，怕再找工作也是一样。

上了我的课之后，Shine意识到，困难不克服就会反复出现。不学会如何抗打击，换到任何环境里都会出现一样的人和事，自己都会像现在一样痛苦。

她决定改变自己。她喜欢同一些温柔、宽容、有力量的女性上司讲话，她在现实生活中就会比较多关注这样性格的人，觉得对方和自己很合得来，自己能够从对方身上获得能量。在和这样的人交流的过程中，她逐步找到了自己的表达方式。

在一次大会上，当这位强势的上司再次挖苦她的时候，她没有像以往一样忍气吞声、泪雨连连，而是把当时在座各位都想象成自己非常喜欢的那类性格的人，然后讲述了自己真实的想法：每个人都有自己的优势，我在整个销售环节中，虽然不擅长业务成交，但是我很擅长整理客户资料，了解客户的需求；我虽然抗拒销售，但我可以帮助大家了解客户的需求，帮助大家完善客户资料，推进销售工作。

现场的人都惊呆了，后来果不其然，越来越多Shine喜欢的性格温柔、宽容的同事都被她吸引过来。这类性格的人也都不喜欢上司的强势风格，也都觉得对方太过分了。于是大家找她帮忙整理客户资料，统计销售数据，她在公司的人缘也变得非常好。

你的表达就是你的吸引源，你的表达是什么样子，就获得什么样的反馈。这个世界上每个人的价值观都是不同的，不能做到让所有人理解你，所以你要训练自己的表达方式，把你想说的说给愿意听你讲的人。这种声音就像密码，能够在芸芸众生中，让对方接收到信号，被你吸引，向你靠拢。

支持你的人变多了，负面声音就变少了。

2. 重塑自己的冲突反应链条：将“受到打击—自我怀疑—停止行动”变成“受到打击—理性分析—选择更积极的行动方式”。

冲突和矛盾能有效推动一个人重塑自身反应链条。很多人害怕与人起冲突，所以一直委屈自己，逃避问题，这样会导致恶人越来越猖獗，霸凌越来越严重。自己也逐步养成了软弱、经不起打击的性子。

抗打击的核心是重塑自己的反应链条，将遇到问题迅速自责，变成理性分析问题。

除非你同意，否则没有任何人能伤害你。你之所以会无形中同意对方伤害你，是因为你默认对方说的就是对的，陷入了自责。

那么我们不妨理性地分析问题。

当上司在大会上痛斥Shine的时候，上司抨击的点是她性子慢、做事不积极、销售没有业绩。Shine由这三个点产生了很多侮辱性的联想，类似吃白饭、公司不养闲人、招个新人也能做，等等，这些都让Shine很受伤。

因为上司说的事是客观事实，所以Shine默认对方说得对，产生了自我打击的情绪，更没有信心去做好自己的工作。

我们在每一次受到打击的时候都应该梳理下自己的反应链条。

上司的抨击点是性子慢、做事不积极、销售没有业绩。那么这三点哪些是能改变的？哪些又是无能为力的？

性子慢这一点是环境的综合成因，一个人不可能在环境没有重大改变的时候，突然把自己的性格改了。所以无论这位上司如何贬低、挖苦、讽刺她，她的性格都是很难改变的。

什么叫做事不积极，是做事真不积极还是没有用上司所认为积极的方式去做？你可以弄清楚在上司眼里什么是积极的，你可以尝试判断自己是否可以改进。能改，对自己肯定是有好处的；不能改，那就要构建自己的防御机制。

销售没有业绩也是一样，是一个综合成因。你要仔细分析，看看是哪个环节出了问题，这个环节是你能改变的，还是无能为力的。

当你认真地做了这些分析，而不是上来就照单全收，认为都是自己的问题的时候，你会发现你的情绪被阻断了。这个时候你才能更理性地分析问题，设计解决方案，避免同类的问题再次发生。

你只能改变你能改变的，当你意识到这点的时候，他人的讽刺和挖苦就变得无所谓了。就算对方再挖苦，这是你不能改变的事，你又纠结什么呢？此时，你的防御机制就构建起来了。

当你改变了你能改变的事，你会因为事情有了好结果，对自己更自信，周围的人也对你更信服。事情也会进入一个更好的状态中。

所以，除非你同意，否则没有任何人能伤害你。

3. 对自己负责，不要对他人负责，让谁的责任回归到谁的身上。

提升抗打击能力的过程中有一个至关重要的环节经常被人忽略，那就是只对自己负责，不要过分承担他人的责任。

Shine是一个“圣母心”很重的人，她之所以抗打击能力比较差，是因为她会下意识地把别人的问题揽在自己的身上，让自己不堪重负。

比如，她分享销售数据，有的人没听懂，她就认为是自己的问题，是自己没有讲好，而没有想到是那个人学习能力的问题。

她总是对别人过度负责，认为别人没做好的事情都有自己的责任。这种思维方式，会把别人的错误带来的压力扛在自己身上，久而久之自己承担了几倍的压力。任何人在重压下都会崩溃。

提升抗打击能力的关键一环是：对自己负责，不要对他人负责，让谁的责任回归到谁的身上。世界上很多压力都是责任不清造成的。

Shine讲述了自己形成这种性格的原因。她的父母对她很好，但是家庭并不富裕，父母省吃俭用供她读书。父母在不堪重负的情况下，经常会说出诸如“父母都是为了你”“父母就是被你害成这样的”“要不是因为你，父母怎么可能过成这样”的话，这增加了她的愧疚感。

久而久之，Shine就习惯性地把别人的责任都扛在自己身上。

我对Shine讲："这是你父母的不对，并不是你让他们过上了压力大且贫穷的生活。无论是否有你，他们的思维、眼界、资源、能力，都会让他们过上这种贫穷拮据的生活，这和你没有任何关系。而且生育是他们两个成年人自己的选择，是他们选择了这件事，选择走了这条路，这个责任应该由他们来承担。你只能负责自己认真学习、认真成长，不能负责父母不能赚钱这件事，要让他们的责任回归到他们身上。"

在职场里也一样，你做了你能做的事情，很多人没有做好他们做的事情，你不能为他们负责，要让他们对自己负责。要非常清楚地告诉对方你负责的界限，而不是把对方的责任扛在自己身上。

很多不会做管理、不会带团队、不会打配合的人都有一种心态，那就是别人干活不行，所以必须自己亲自干，把别人的工作也扛在自己身上，生怕出问题被上级责怪。这样的人是永远没有办法向上走的，而且会经常因为压力让自己非常痛苦委屈，这些都是抗打击能力弱的原因。

你可以任由别人把工作搞砸，陪他一起接受上级批评；你可以和他一起接受惩罚，让他知道是自己的问题，激发这个人对自己负责的意识。但是，你不能替他，不能把他的责任扛在自己身上。

Shine在之后的日子里，特别注意了这一点。一次我在线上直播的时候，她特意回来感谢我，对我说，在明确了界限之后，她确实比之前轻松了很多，感觉压力减轻了，自己也更能抗打击了。

在打击面前，人总会无助、痛苦、想要放弃。没有一条路是没有打击的，所以，不如及早训练出抗打击的能力，在任何艰难的时候，都勇往直前。

本篇练习

1. 你喜欢的人群是什么样子的，他们喜欢什么样的表达方式？
2. 你的冲突反应链条是什么？
3. 你的责任界限是什么？

4

优先去做让你恐惧的事

最高效率解决问题的方式是优先去做让你恐惧的事。

——七芊

在我的目标感训练营里有一位付费学员尔鑫，他在新冠疫情期间创业负债60万元，他的年度目标就是能够还清这60万元，开始自己新的人生。

虽然目标很美好，但是实现目标的过程中有非常大的压力和非常多的阻碍。比如，债主的催逼，到了还款日期没有足够的资金，日常自己吃饭等开销都成问题，时常的情绪崩溃，不知道要从何开始做起……

一个人在实现目标的过程中，并不存在完美的环境，很小的波动都会引发蝴蝶效应，在执行过程中，很容易心态崩塌、无法继续。

尔鑫在当时就处于这么低迷的一种状态，他很想解决问题，实现目标，但是他做不到。于是，他整天酗酒、痛苦、睡觉，仅用有限的时间按照老路子去谈合作，去找工作，但做什么都不顺利，到头来还是每天躺在家里，不断内耗。

上了我的目标感系列课程后，他意识到如果不改变自己的行为模式，问题是不会得到解决的，债务只会越滚越多，所以他参与了目标训练营。

入营的第一件事就是关注自己每天实现目标的行为，记录下这些行为有哪些，付出了多少时间，取得了什么结果。

连续记录了三周之后，尔鑫发现，最初的一周，他每天大部分时间躺在床上刷手机短视频逃避问题，因为债主的催逼和自己的经济压力让他喘不过气来，他本能地选择逃避。

一周之后，他发现他大部分时间在忙着按照老路子做产品、谈合作。但是市场已经变了，客户不再需要他的老产品，所以他大部分时间在闭门造车，并没有找到真正有效的赚钱方式。再后来，他开始尝试用其他方式赚钱，每天都在拼命跑业务，沟通新的商业模式，求职找工作，一天恨不得给自己安排10件事，搞得自己精疲力竭，但是情况并没有任何好转。

尔鑫看了自己的记录后，恍然大悟，发现自己的行为模式是：逃避—走无效老路—病急乱投医。按这个模式走下来，事情非但没有一点好转，自己反而更加焦虑、痛苦了。时间越来越紧张，债务越来越多，他自己却毫无进展，于是又开始进行自我打击。

一个人陷入绝境的时候，走出来的核心方法是：**不要让自己做很多事情，避免因疲惫产生决策失误。**

如何才能在绝境中轻松、无痛地解决问题？

1. 每天只做最关键的一件事。

我们的大脑在危机面前会对身体下自我保护的指令，我们会下意识地逃避问题，会下意识地用“假忙”来掩盖我们的恐惧。在这种行为模式下，问题根本得不到解决。

实现目标并不需要复杂的方法和行为，只需要做最关键的那一件事就可以了。痛苦的时候，最好的方法就是每天只做一件事，然后每周复盘，看看这件事是否是实现目标最关键的那一件事。

尔鑫在记录里写到每天会做如下几件事：运动，打磨产品，生产内容（主要以自己的思考为主），听各种课，找工作，联系过去的人脉，了解客户需求和寻找机会，学习新的商业模式，向债主申请延期还款……

每天做完这些事就已经用了10多个小时，这让他精疲力竭。

改变的第一步是先挑最重要的一件事去做。

和快速赚钱相关的最重要的一件事一定是销售，而不是像尔鑫一样做产品。等产品做好了却卖不出去，还债的日期也到了，他将再度进入负面循环中。所以要先了解市场需求，了解用户需求，接触人，这才是这些行为里最关键的一件事。

其他的事情都可以先不做，等有了需求，有了订单，再设计产品也不迟。

当尔鑫发现最重要的是了解用户需求的时候，他开始自救了。他每天只做一件事：找人，了解他们的需求，从这些需求里寻找他可以不用费事就能去做的商机。每天做足4个小时之后，他就休息。

于是，他再也没有了那些让他焦虑的即将要做的事项。他每天都在和人交流，每天都在获取优质的信息，他渐渐打开了眼界，没那么功利了。仅仅用了两周时间，他对话了30个他觉得优秀且有帮助的人，获得了很重要的启发。

尔鑫发现，通过给一些有需求的企业介绍代播团队，做中介，从中双向抽成、分利润这件事情在当时的市场环境下，是他可以做到并且可以轻松赚钱的事。

事实证明，就是这个正确的发现，让他在接下来一个月的时间里，就还清了一半的债务。

在任何时候，我们都不需要做很多事才能解决问题，每天只做一件关键的事就足够了。在任何时候都不要自闭，应该大胆地让自己去了解外界的需求，接触人永远是最好用的方法。对于尔鑫这样没有产品、没有团队、没有交付能力的人，中介形式的工作最能帮助他解决债务缠身的问题。

2. 优先去做让你最恐惧的那件事。

聚焦一件事可以有效减少压力，那么第二步的秘诀就是这件事一定得是你最恐惧的那件事。越害怕，越逃避什么，越要优先去做它。

大脑会对身体建立保护机制，逃避的本身是大脑在保护你远离危机。我们可以通过识别出自己不想干的事，进行逆向思考，找到我们最需要去解决的主要问题。

对于尔鑫而言，他创业失败的一个很严重的心理障碍是：逃避新的商业模式。

尔鑫说他自己过去是个比较自负的人，创业阶段非常享受自己不再是打工人。准确地说，他追求的是成为老板的风光感。然而面对员工成本的巨大压力，面对来自外界的指责，他开始自我保护，不愿意承认自己过去的方法已失效，不愿意承认自己并不知道好的商业模式是什么。最终他全线崩盘，背上了巨大的债务。

复盘后他发现，自己最恐惧的就是了解新的商业模式，推翻自己不好用的老经验。

过去他总是不愿意直面这个问题，总是把这件事放在全天最后去做，结果一到晚上，自己的体力、精力跟不上，做一会儿就停下了，导致他一直走老路，事情没有任何转机。

我让尔鑫记录下自己每天的行动，不断让自己把这件最重要的事排在全天时间表的前面。

最初他还是像过去一样把这件事放在晚上吃完饭后，他想着要如何同他人交流，获取商业模式，但是等到晚上他又开始顾虑别人是不是已经吃完饭休息了，想想还是算了。反复多次，他发现在一个月的时间里，他几乎没有在这件最重要的事上投入时间。

有意识地调整后，他开始从晚饭后做这件事变成下午做这件事，再到上午做这件事。这个时候他发现，他每天在这件事上开始有有效投入时间了，事情有了很大的转机。尔鑫每天搜索相关商业模式的信息，付费向知名人士学习，每天去寻找自己可以做的商业模式，他在视频号上找到了自己的机会。

因为他过去从事的是广告公关行业，自己可以帮助很多想要学习视频剪辑的用户学习剪辑和修图，同时他自己收的学员可以承接一些旅拍摄影工作室修图、剪辑视频的订单。这么一个轻量级的事情，让尔鑫看到了还债的希望。

最高效率解决问题的方式就是优先去做让你恐惧的事。

3. 在起床后三个小时内做完它。

有了商业模式之后，尔鑫还是犯懒，本来一天就可以做成的事情，往往会拖几天甚至一周。即便有时候可以把事情调整到下午去做，他也会因为体力、精力不支而陷入低效率状态。这对于着急还债、利息每天都在增长的他十分不利。

他经常下午喝很浓的咖啡，晚上睡不着，于是形成了恶性循环：晚上睡不着觉，起床就是中午，身体晒不到太阳，无法有效合成血清素，头脑昏昏沉沉，办事效率进一步降低，整个人更加抑郁。

我当时推荐他看日本作家桦泽紫苑的书《为什么精英都是时间控》《人生烦恼咨询室》等，桦泽紫苑本身是脑科学专家，他的所有著作里都在强调一件事，那就是早晨时间的重要性。他的观点是，每天早晨散步15~30分钟的人，可以比那些下午工作甚至晚上工作的人每天多出3倍时间，也会因为有效合成身体所需要的血清素，拥有充沛的精力。也就是说，早晨型的人一定比夜晚型的人效率更高，状态更好，这是由我们的大脑和身体决定的。

早晨起床后的三个小时，通常是精力相对充沛的阶段。这是因为在经过一夜的休息后，大脑和身体得到了充分的恢复，此时人的警觉性、注意力和反应速度都处于较高的水平。特别是对于习惯早起的人来说，利用早晨的时间往往能够高效地处理一些需要集中注意力的事务。

我提醒尔鑫，调整状态的最后一步就是：一定要在早起后三个小时内做完最关键的事情。

想要实现目标，就要高效率地解决问题，养成“晨起做难事”的习惯。把最难的、最重要的、最不想面对的、最想逃避的事情放在每天最开始的时候去做，你会发现问题会被高效率地解决。

尔鑫用这个方法，不断调整自己的行为模式。从过去早起后拖拖沓沓，到早起先去学习商业模式，抓紧时间进行商业洽谈，把所有的工作放在中午前做完，仅仅一周的时间他就谈成了两笔订单。

下午的时间，他通常用于健身和与人洽谈，安排兼职团队工作。到了晚上，他可以认认真真地吃饭，晚饭后可以有属于自己的安静时间去学习。他每天晚上10点准时睡觉，第二天早晨5点准时起床。

坚持了3个月后，他从债务缠身、低迷焦虑、痛苦不堪的压力模式中走了出来，不但还了部分债务，还因此有了更加积极乐观的生活状态，养成了高效率的行为模式，身体也变得更好了。

我在很多学员身上都会看到尔鑫这种拖延症。他们不断地逃避问题，本来几个月就可以解决的问题，他们会拖延几年甚至更长时间，让问题持续恶化，让自己持续痛苦。他们如果能够在当初用这三个方法强迫自己直面问题，那么几个月的时间就可以把状态调整好，解决这个问题。

人生几十载，遇到各种艰难都不可怕，真正让问题变得更艰难的是我们一直在逃避它。直面恐惧，做最恐惧的那件事，不断优化自己的行为模式，你会发现实现目标并没有那么困难，它甚至是一件非常轻松、快乐的事情。你也会因为这次逆袭而更加自信。

本篇练习

1. 如果让你每天只做一件关键的事，这件事是什么？
2. 这件事是否是你最恐惧、最想逃避的事？
3. 你早起后三个小时内要做些什么？

5

利用绝对正念化解急躁和焦虑

急躁是实现目标最大的忌讳。

——七芊

人为什么会急躁呢？

第一个原因是：要干的事太多（这是急躁产生的本质原因）。

第二个原因是：在做事的过程中，自己害怕没有结果。

第三个原因是：对做事过程中的不完美不满意，认为做了也白做。

急躁会导致在做事的过程中，做A不行，做B也不行，最终让你在内耗中精疲力竭，自我打击。很多人并不是没有能力解决问题，实现目标，他们只是在解决问题中过于急躁，导致自己崩溃。

我的一位学员麦子，是个性格非常急躁的人。他曾经在上海的酒店行业工作，屡次因为人际关系不和谐的问题从公司离职。他因为没有办法在任何一家公司长期干下去，所以经济条件也不是很好，于是，他从大城市回到自己家乡的小城市。

在小城市里，他一直很想彰显自己的抱负心，却屡次创业失败，不得已又要重新找工作。经历了社会的反复“毒打”之后，麦子对自己彻底失望了。用他的话说，在人生最低谷的时候，他加入了目标感训练营，希望在迷茫中找到真实的人生目标。

麦子是那种非常有野心、有抱负，但是没方法的人，他的核心问题就出在一个地方：急躁。

观察麦子的作业，我发现他总是在急躁地做事，脑子里冒出了一个想法就要立刻去做，做的过程中又希望快速成功，做了几个星期没有获得反馈就自责，最终半途而废。反复失败后，他就对自己和目标没有信心了。

麦子一直认为改变自己的境遇后才能改变急躁的性格，实际上却是他习惯性的急躁让他的境遇一直不好。所以，解决他的问题的关键是改变急躁的性格和思维方式。

第一，不要让自己做太多事，1天就做1件事已经很好了，甚至1个月就做1件事，1年就做1件事，做的事情越少越不容易急躁。

急躁产生的根本原因是想干的事情太多。通常急躁的人总有干不完的待办事宜，做了一件事还有无数件事在等他干。于是，他没有完成一件事的成就感，永远在不断解决问题的路上，最终让自己精疲力竭。

我在年轻的时候也非常急躁，因为当时我有自己的3年、5年、7年目标要完成，每个阶段的时间都卡得非常紧，又要使命必达。所以，我眼里只有自己的目标，给自己的压力也特别大，非常急躁。

那个时候不少前辈劝我一定要慢下来，我都以要完成自己的目标为由拒绝改变，对他们这种人过中年慢慢悠悠的思维方式不屑一顾。

直到迎来了新冠疫情，我在急躁之下，做了错误的经营决策，导致在疫情最严重的那一年，我重仓投资了一个新业务，最终损失惨重，一度让我陷入事业低谷。

跌了一个大跟头之后，我终于发现，急躁或许能够给年轻时候的自己带来紧迫感，提升效率。但是如果过了30岁还是很急躁的话，就会出现决策失误，带来更惨重的结果。

我在事业低谷期开始了自救，当时每天就做一件事：记录自己每天的时间都用来干了什么。记录了一周之后，我发现70%的时间都被焦虑占据，剩下的时间被用来休息，我根本没有任何改变现状的行动。

焦虑——停止行动。

行动——减轻焦虑。

焦虑和行动两者之间的博弈让我意识到，只有把专注力聚焦在行动上才能在本质上改变现状。

于是，我开始记录我为什么焦虑，我发现焦虑主要来自做的事太多了。员工的社保工资、公司的现金流业务、投资人的投融资，还有各项事务，还没开始做就已经让我烦心不已。

改变的第一步，就是强迫自己一天就做一件事。

我每天早晨起来就做最关键的一件事，做完之后，就可以运动休息了。坚持了一周之后，我果然不急躁了，即便事情并没有任何转机，我也已经不急躁了。坚持行动2～3个月后，事情也就自然而然地解决了。

麦子改变自己急躁情绪的第一步，也是强迫自己一天只做一件事。把这件事做好，收获做这件事过程中的乐趣，感受完成时的快感，会激励自己做好第二天的事。只要做到这一点，坚持2～3周，就会发现自己的心态已经变得非常好了。

第二，干的过程中专注于做这件事的细节，把完成这件事的每一个细节做好，不要在阶段1思考阶段10的事情。

急躁的人特别容易犯的一个错误就是总是在开始的时候恐惧结果。

然后，急躁的人会永远卡在这个浅层次的问题上无法开始。

所有事情的卡点都是思维的卡点，思维的卡点在于没有行动。

行动——减轻焦虑。

改变急躁的核心是把关注点从自己的思维上转移到做这件事具体的行动上。能够让自己一直专注在这件事上的核心就是专注在行动的细节之中，在阶段1就思考阶段1的事情，不要在阶段1思考阶段10的事情。

有一次春雨医生的CEO语潇采访我，她问我："作为女性作家，你要写书，又要经营企业。创作和企业管理是相互矛盾的，你怎样处理两者的关系，以及这些事情带给你的焦虑呢？"

我的答复是："专注于细节。比如，接受采访时，我就专注于回答好你的问题，我不会去思考我还有多少事情没有做，多少书没有写，公司的管理经营出了哪些问题，我只专注于被采访这一件事。在写书的时候我就写好这篇文章，在经营企业的时候我就解决经营中的一个问题。在做一件事的时候，就集中精力做好这件事，就会最大程度地减轻焦虑。"

语潇说她受到了极大的启发。

改变急躁和焦虑的核心就是提高专注力，专注力可以让你进入心流状态，在心流中感受力量和快乐。

对于大部分人来说，专注力是需要训练的，在这里我非常推荐一本书《当下的力量》，它能够帮助很多急躁、注意力分散的人回归到当下，通过在行动中做好每一件小事来改变急躁。

我自己在最初训练专注力的时候，经常会使用时间记录法，量化自己的一切时间。当时我需要紧急解决自己商业思维欠缺的问题，我记录了每天的时间投入，却发现每天几乎没有一点时间放在商业思维的学习上，所以我不可能在这件事上有进展。

于是，我开始训练自己每天早晨起来做最关键的事——学习商业思维知识，强迫自己专注在这件事上，如果当天比前一天多坚持几分钟就算胜利。从最初只能坚持 10 分钟，到后面可以坚持两个小时甚至更长时间，我的专注力越来越强大，整个人也越来越轻松，不再有焦虑感，做事的结果也越来越好。

第三，要习惯不完美也不返工，养成下一次迭代的思维习惯。

急躁的人总是试图把一件事做完美，做不完美就自责，就内耗。

在麦子身上，这个规律特别明显。当上司让他完成一个工作方案，告诉他第二天一定要提交的时候，他经常无视时间节点，不能按时提交上司要求完成的工作方案。他的理由是觉得自己做得不够好，想要做出完美的方案再交给上司。

麦子总认为一件事要做完美才有意义，如果做不完美，就一直无法完成。他的思维方式让他在职场上树敌不少。

很多人都卡在完美上，他们因为不够完美而不敢展示，不敢开始，或不敢继续做下去。然后或者这件事就一直停留在最原始的状态上，或者他们不断返工，一直消磨着自己的精力。

所有的完美都是迭代出来的，你不可能一次做到完美。眼下的不完美不代表一直不完美。

我在第1本书出版的时候只有25岁，当时我的发行总监对我说："七芊老师，你到大学举办签售会，我感觉你和学生差不多。他们很难在你身上找到那种对人生的向往感，不会觉得你是个很厉害的人。"

他说得很委婉，我听了之后虽然很受伤，但仍然没有自我打击，因为我相信这些都是可以被迭代的。

我没有因为自己展现得不够专业干练而放弃签售会，我在全国走访了68所顶尖的院校，讲解新职业就业，提高了自己的知名度。

试想，如果仅仅因为发行总监的那句话，我就被打击了，停止做签售会，停止宣传自己的书，那么我怎么会有今天呢？在那之后，我的签售会又进入顶尖的企业，进入商场中心书店。我从最初只能穿自己的衣服，到开始有了品牌时装赞助商，有了签售会赞助商，有了专业的摄像师和化妆师，一切都是在迭代中日渐完善的，不可能一开始就是完美的。

很多事没有必要完美。急躁的人总是试图先完美再开始；不急躁的人才明白，完美是被迭代出来的，量变总会引发质变，一切最终都会成功。

麦子说这一点是最触动他的地方，他因此改掉了拘泥于完美的坏毛病，认识到即便方案不完美，也可以展示出来，也可以提交给上司，然后针对上司的反馈不断修正，最终做出满意的方案。

这个思维的改变，让他敢于把不完美的简历发给面试官，敢于在自己不符合条件的时候求职好的公司，敢于去这些公司面试，见优秀的面试官，听他们对自己的建议。

坚持一段时间后，麦子的急躁状态有明显好转，他很快找到了适合自己的目标，重新回到上海，入职了一家不错的酒店服务类企业。

急躁是我们实现目标过程中的大忌，越急躁越不容易产生有价值的行动，越会陷入深层次的自责、焦虑、内耗中。所以，改变急躁情绪，才能正向推进，才能真正意义上离成功更近。

我们每个人都会有急躁的时候，一定要让自己慢下来，专注在做小事上，敢于在不完美的时候不断迭代，才能让自己走出困局。

本篇练习

1. 你今天只做一件事，这件事是什么？
2. 你眼下要专注的细节是什么？
3. 这件事怎样做才能让自己不返工？

6

成为崭新的人

通过这一章内容的学习，相信很多读者了解了坚决执行、实现目标的行动秘籍：塑造习惯，精准行动，抗打击，确定行动优先级，改变急躁情绪。

要改变自己的行为模式，做到对目标充分尊重，认识到坚定不移地实现它是一件非常了不起的事，也并不是一件容易的事。

每个人改变的过程都是：我发现我做不到—我找到我做不到的理由—我猫在我的舒适区—舒适区不再舒适，我要突破—我要改变—我发现我做不到—我找到我做不到的理由……

上面这个过程虽然是循环的，只要每个环节改变一点，你就在螺旋式上升和进步，用不了多久你会发现你已经成为一个崭新的人了。

为了成为一个崭新的人，请做好最后这一次梳理吧！

1. 你想成为怎样崭新的人？

2. 你为了实现目标要坚持的习惯是什么？

3. 你觉得做哪件事对你而言是实现目标的关键所在？

4. 读了这本书，你的终极目标和为自己设计的实现步骤是什么？

5. 写下你的目标誓言。

后 记

当我写完这本书的时候，我发现我好像进行了一场漫长的自己同自己、自己同学员之间的对话，重温了我为了自己的目标奋力拼搏的日子，以及那些学员从迷茫到笃定的过程。

我觉得世界上没有什么比追求自己的目标更让人舒适、热血沸腾和充满自信的事了。当你百分百地专注在那件你心心念念想要实现的事情上时，一切恐惧、舆论，都好像变成了不重要的事，你会史无前例地笃定，并且明白这样一句话：“如果你进步得足够快，你听到的就只有耳边的风声。”

在过去10年持续追求自己目标的路上，我看到了很多人性，看到了很多事情的发展历程，看到了很多事情的必然结果。

然后我突然开始回想自己过去的成长经历。

我小时候最大的目标就是成为中国顶尖的作家，我经常把这句话挂在嘴边，然后我收获的并不是来自外界的鼓励，而是来自外界的嘲讽。

比如，我的父母说他们没有这方面的人脉，让我不要痴心妄想。大学同学会阴阳怪气地奚落我，嘲讽不计其数。

但我内心非常坚定，我就是要做这件事。毕业之后我毅然决然地加入了最能帮我实现这个目标的企业——新浪微博的读书业务部，学习了解读书行业的商业模式。我连续7年全年无休，为自己要做的事积累方法和资源，每一天都在贪婪地学习，热切地准备，等待着爆发的那一天。

在我3年目标实现，第1本书在全国范围签售的时候，家乡的晚报登了一整版关于我的报道，北京的机场、地铁、公交车站都有我的图书广告牌，很多课程平台都推送我的课程。

那一刻，曾经嘲讽我的人都闭嘴了。从“你没什么了不起”到“你确实比我们强”，别人开始尊重你就是那么一瞬间的事情。

伴随着我的名声越来越大，我开始接受来自外界的新一轮攻击和嘲讽。“黑粉”嘲笑我太年轻不配讲职场理论，攻击我是普通学历不配聊就业。

于是我坚持在68所顶尖高校举办签售会，从最初出版社推荐、学校邀请到后面教育部门推广，也就花了1年时间，我就成为3所知名“985大学”就业指导的客座导师。

在我5年目标实现的那一年，我依旧面临来自外界的质疑和攻击。“黑粉”攻击我没有进过一线的大型互联网公司，不配聊职场，流量不够，社会公信力不足。

于是我在30多家像腾讯这样的头部企业内部举办签售会，进入顶尖的企业做培训；接受中国20家核心媒体采访，去顶尖的求职综艺节目做导师；在公司内成立内容流量中心，做全面转型。

在我7年目标实现的那一年，我得到了很多意外之喜：一个铁打的团队，脉脉的奖项，福布斯的奖项，等等。

或许我们在实现每个目标的时候都不完美，每个阶段都不可能得到所有人的认同、鼓励和支持，甚至得到的有可能是嫉妒、攻击和抹黑，但这才是真实的世界。它并不美好，但它并不耽误你实现你想实现的目标，去往你想去往的地方。

什么样的人看什么样的世界，当你专注于看到你目标中那个理想的世界的时候，你吸引的人也是这样优秀的人，你做的事也是这样向好的事，你早晚会因为拥有这样的目标、比别人更高远的志向而把自己提升到更高的水平，看到更广阔的世界。

我从小的目标就是成为顶尖的作家，如何衡量这个目标的标准，我认为是千万粉丝、过亿元营收、单本书百万册销量。即便努力了9年，我仍然没有达到这个标准。

我还会做下去，一直做下去，用尽余生去做这一件事，直到实现目标为止。即便不成，我也因为追求这个目标，经过无数次努力成了更好的人。

这么多年，从四线小城市到在北京立足，从打工人到创办自己的企业，从基层人员到知名的作家，救赎我的、让我不断破圈、让我不断向上走的就是根植在内心深处的目标，那个我一生中一定要到达的地方。

我曾被这样的目标救赎，我也曾用这样笃定的信念救赎过我的很多读者。

祝你找到自己的目标，愿我们相逢在更高处！